HAUPTBAHNHOF **WIEN**
VIENNA MAIN STATION

HAUPTBAHNHOF **WIEN**

Die Veränderung eines Stadtteils   **2009 – 2014**
Transformation of an Urban Area

VIENNA MAIN STATION

Roman Bönsch
Herausgeber und Fotografie | Editor and Photography

Sigi Herzog
Ergänzende Fotografie | Additional Photography

Roman Bönsch, Christoph Augustin, Judith Engel, Karin Finan,
Karl-Johann Hartig, Gottfried Halamiczek, Hans-Christian Heintschel,
Andreas Hirsch, Hannes Höttl, Herbert Juranek, Franziska Leeb,
Martin Lepper, Herbert Logar, Bernd Mühl, Helmut Werner
Texte | Texts

Birkhäuser
Basel

IMPRESSUM | IMPRINT

Editor
Roman Bönsch, Vienna
romanboensch.at

Text Coordination: Karl-Johann Hartig, Vienna
German Copywriter: Karin Finan, Munich, karinfinan.de
German Proof Reading: Michael Walch, Vienna
Translation: Christine Schöffler, Peter Blakeney, Vienna, whysociety.org

Design: Roman Bönsch, Vienna, romanboensch.at
Graphic Consultant: Mihai M. Mitrea, Vienna, sketodesign.eu
CMYK Separation: Manfred Kostal, Vienna, pixelstorm.at
Printing: Holzhausen Druck GmbH, Wolkersdorf

Library of Congress Cataloging-in-Publication data
A CIP catalog record for this book has been applied for at the Library of Congress.

Bibliographic information published by the German National Library
The German National Library lists this publication in the Deutsche Nationalbibliografie;
detailed bibliographic data are available on the Internet at http://dnb.dnb.de.

This publication is also available as an e-book (ISBN PDF 978-3-99043-662-2; ISBN EPUB 978-3-99043-692-9).

© 2015 Birkhäuser Verlag GmbH, Basel
P.O. Box 44, 4009 Basel, Switzerland
Part of Walter de Gruyter GmbH, Berlin/Munich/Boston

Printed on acid-free paper produced from chlorine-free pulp. TCF ∞

Printed in Austria

ISBN 978-3-99043-661-5

9 8 7 6 5 4 3 2 1   www.birkhauser.com

INHALT | CONTENT

VORWORT

Ende 2014 wurde eines der bedeutendsten Infrastrukturvorhaben für Österreich, der neue Hauptbahnhof Wien, fertiggestellt. Reisende profitieren durch die neue Bahn-Drehscheibe in Form von kürzeren Fahrzeiten, schnelleren Verbindungen und mehr Komfort beim Umsteigen. Die Stadt Wien bekommt ein neues urbanes Kraftzentrum. Das ist ein bedeutender Schritt am Weg in die Zukunft der Bahn.

Der neue Hauptbahnhof Wien ist gleichzeitig Symbol der europäischen Perspektive. Erstmals in der Geschichte werden die von Wien ausgehenden Nord-, Ost-, Süd- und Weststrecken mit einem Durchgangsbahnhof verknüpft, Europa rückt mitten im Herzen Wiens näher zusammen.

Der Wiener Hauptbahnhof ist Teil wichtiger Investitionen in das österreichische Schienennetz. Wir machen die Bahn, die schon heute wirtschaftlich, umweltfreundlich und sicher wie kein anderes Verkehrsmittel ist, zu einem modernen und wichtigen Verkehrssystem der Zukunft. Neben moderner Mobilität sichern diese Investitionen Wirtschaftswachstum, Beschäftigung und neuen Lebensraum: Gerade der Wiener Hauptbahnhof ist ein gutes Beispiel dafür, wie auf 59 Hektar neue Perspektiven auf alten Gleisen entstehen. Das neue Stadtviertel bietet rund 5.500 Wohnungen, 20.000 Arbeitsplätze, 550.000 Quadratmeter Büro- und Geschäftsflächen, Schulen und Kindertagesheime für 1.200 Kinder sowie einen sieben Hektar großen Park.

Der neue Wiener Hauptbahnhof steht für Modernität und Offenheit, damit symbolisiert er auch die Werte der ÖBB. Seine architektonische Gestaltung wird die Bahn prägen, denn moderne Bahnhöfe sind Orte der Begegnung und neue Zentren der Stadt. Bahn ist mehr als ein Transportmittel – die Bahn verbindet Menschen.

Christian Kern
CEO der ÖBB-Holding AG

PREFACE

At the end of 2014 one of the most important infrastructural projects for Austria, the new Vienna Main Station, was completed. Passengers now profit from the new railway transit hub in the form of shorter travel times, quicker connections, and more comfort when changing trains. The city of Vienna wins a new urban driving force. This is a momentous step forward into the future of the railway.

At the same time the new Vienna Main Station is symbolic of the European perspective. For the first time in history a through station connects the north, east, south, and west lines departing from Vienna, and Europe is drawn closer together in the heart of the city.

Vienna Main Station is a facet of important investments into the Austrian railway network. We are transforming the railway – which already today is more economic, environmentally friendly, and safe than any other means of transport – into a state-of-the-art and indispensible transportation system of the future. Besides contemporary mobility, these investments ensure economic growth, employment, and new living spaces: the Main Station is most definitely a prime example of how new perspectives can emerge on 59 hectares of old tracks. The new urban district accommodates approximately 5,500 residential units, 20,000 workspaces, 550,000 square metres of office and commercial premises, schools and day care centres for 1,200 children, along with a seven-hectare park.

The new Vienna Main Station stands for modernity and openness, and thus it is also symbolic of the values of the Austrian Federal Railways. Its architectural design will shape the railway because modern railway stations are places of encounters and have become new centres of the city. The railway is more than just a means of transportation – the railway connects people.

Christian Kern
CEO of ÖBB-Holding AG

26.05.2014 Bahn- und Baubetrieb am Hauptbahnhof Wien. | Railway and construction operations at Vienna Main Station.

VORWORT

Wien wächst. Bis 2030 wird unsere Stadt wieder um die zwei Millionen Einwohner haben. Rechnet man das Umfeld noch hinzu, gehen ExpertInnen von drei Millionen Menschen aus, die das vielfältige Angebot Wiens tagtäglich nutzen werden. Was sich hinter dieser – auf den ersten Blick – schlichten Aussage verbirgt, ist ein umfassender Transformationsprozess unserer Stadt. Wien ändert sich, wird vielsprachiger, bunter, attraktiver. Für die Kommune bedeutet dieses Wachstum die Bestätigung unserer Politik und zugleich auch eine Herausforderung. In Zahlen ausgedrückt: Bis 2030 muss Wien zusätzliche Kapazitäten für die Einwohnerzahl von Graz schaffen. Das bedeutet nicht nur ein Mehr an Wohnraum und Arbeitsplätzen, sondern ebenso die zeitgerechte Bereitstellung vieler weiterer Notwendigkeiten für den städtischen Alltag. Kindergärten, Schulen sind damit ebenso gemeint wie Straßenraum und andere öffentlich-technische Infrastruktur wie auch die Bereitstellung neuer Erholungsflächen.

Das bereits stark an Kontur gewonnen habende Stadtentwicklungsgebiet rund um den neuen Hauptbahnhof ist für all das ein wunderbares Beispiel. Mehr als 5.500 neue und leistbare Wohnungen für rund 15.000 Menschen, ein neuer, sieben Hektar großer Park inmitten des neuen Stadtteils Sonnwendviertel, eine der modernsten Bildungseinrichtungen Wiens, zentral im neuen Stadtgebiet gelegen: Zu Recht sind alle daran Beteiligten stolz auf das bislang Geleistete. Während anderswo in Europa Projekte ähnlichen Ausmaßes in Zeit- und Kostenverzug geraten und sehr kontrovers diskutiert werden, kann Wien mit dem Hauptbahnhof und dem sich daran anschließenden neuen Stadtgebiet auf einen gelungenen noch laufenden urbanen Umgestaltungsprozess verweisen.

Das Geheimnis dieses Erfolges muss dabei nicht sonderlich gehütet werden. Ganz im Gegenteil: Das, was hier in enger und guter Zusammenarbeit zwischen Stadt Wien, ÖBB und Privaten, wie etwa der Erste Bank, geschaffen wurde, birgt viel von dem, was wir heute unter dem Schlagwort „Smart City" verstehen. Höchste Professionalität, Mut zu Neuem, Flexibilität dort, wo es ums Ganze geht: Die Entwicklung rund um Wiens Hauptbahnhof bietet jede Menge Knowhow für weitere Vorhaben.

Von Beginn an wurde von allen Beteiligten großer Wert auf praktikable Verbindungen gelegt. Ob zu Fuß durch das Quartier Belvedere, per Fahrrad durch den neuen Stadtteil, ob mit den Wiener Linien, S-Bahn oder mit dem Pkw: Wiens Hauptbahnhof erschließt nicht nur Europa in allen Himmelsrichtungen, er selbst ist bestes Beispiel für eine perfekte Erschließung. Apropos Europa: Der neue Hauptbahnhof setzt nicht nur zukunftsweisende Impulse für die weitere Stadterschließung Wiens – es sei hier an die Planungen für die städtische Nutzung des Nordbahnhofs bzw. an den Nordwest-Bahnhof oder die Seestadt Aspern erinnert – er setzt gleichermaßen auch wichtige Impulse für Wien in Europa. Allen daran Beteiligten gilt der Dank der Stadt Wien.

Dr. Michael Häupl
Bürgermeister der Stadt Wien

PREFACE

Vienna is growing. By 2030 our city will once again have two million inhabitants. If you include the surrounding areas, experts estimate that there will be three million people making use of Vienna's wealth of amenities on a daily basis. Behind this – at first glance – simple statement is a wide-sweeping transformation process in our city. Vienna is changing, becoming more multilingual, colourful, and attractive. For the municipality this growth represents a clear affirmation of our policies – and a challenge, too. In concrete figures: By 2030 Vienna has to create additional capacities for the population of Graz. This implies more living and working spaces but also the timely provision of many other necessities for urban everyday life. Kindergartens and schools are priorities on the agenda as well as streets and other public technical infrastructure or the creation of new recreational spaces.

A wonderful example for this is the urban development area around the new Vienna Main Station, which is rapidly taking shape. More than 5,500 new and affordable apartments for about 15,000 people, a green seven-hectare park in the middle of the new Sonnwendviertel neighbourhood, one of Vienna's most modern educational facilities centrally located in the blossoming district – and quite rightly, all of those involved are proud of the results thus far. While projects of such scale in other parts of Europe are faced with defaults and delays and spark controversial discussions, Vienna can flaunt a successful and still running urban transformation process with the Main Station and the new surrounding environs.

The secret to this success needn't remain a guarded mystery. On the contrary: What has been realised here in a close and effective cooperation between the City of Vienna, the Austrian Federal Railways, and private enterprises such as Erste Bank reflects a great deal of what we understand today under the catchword "Smart City". Highest professionalism, the courage to innovate, flexibility when everything is on the line: The development around Vienna Main Station is a substantial source of know-how for future projects.

From the very beginning, all project members attached great importance to practical connections. Whether on foot through Quartier Belvedere, on a bicycle through the new district, with Wiener Linien, the rapid transit railway, or by car: Vienna Main Station doesn't just connect Europe in every point of the compass; the station itself is the best illustration of perfect accessibility. And speaking of Europe: The new Main Station is not only a source of innovative impulses for the further development of Vienna – think of the urban planning of the former North and Northwest Station terrains and Seestadt Aspern – it is also an important impulse for Vienna in Europe. All those involved deserve the gratitude of the City of Vienna.

Michael Häupl
Mayor of the City of Vienna

13.03.2014 Hauptbahnhof Wien und ÖBB-Konzernzentrale in der Morgendämmerung. | Vienna Main Station and the ÖBB corporate headquarters at dawn.

VORWORT

Als Fotograf und Herausgeber freue ich mich, dieses Buch zum neuen Hauptbahnhof Wien vorstellen zu können. Ich danke allen, die das Buchprojekt ermöglicht oder dazu beigetragen haben. Ich wurde mit der foto- und videografischen Architekturdokumentation im Rahmen des Dokumentationsprojektes Hauptbahnhof Wien betraut. In diesem Buch wird sie zugänglich gemacht.

Die Dokumentation zeigt das Entstehen des Bahnhofes im Zeitraum 2009–2014 und seine Eröffnung. Sie widmet sich den Bauarbeiten an Infrastruktur und städtischer Umgebung und bildet die Metamorphose und Genese urbaner Räume ab. Den ersten Teil dieser Veränderung habe ich in dem Bildband „Südbahnhof Wien. Bestand und Abbruch 2007–2010" festgehalten. Auch der Aufnahmezeitraum für das vorliegende Buch ermöglicht Rückblicke in den Bestand des Süd- und Ostbahnhofes, der zum Teil bis zu 170 Jahre in Betrieb war.

2008 überlagerte ich den Masterplan für den Hauptbahnhof Wien mit dem Plan der abzutragenden Gebäude des Südbahnhofes (siehe Abbildung rechts). Im noch bestehenden Südbahnhof war ich mit diesem Plan unterwegs und versuchte vor Ort die zukünftige Bebauungsstruktur zu imaginieren. Währenddessen dokumentierte ich den alten Bahnhof kurz vor dem Abbruch. 2014 kann ich schließlich die Bilder des Vergangenen denen des Neuen gegenüberstellen.

Als Dokumentator zog mich die bauliche Dimension und historische Bedeutung des neuen Bahnhofes als Symbol für ein offenes, vernetztes Europa des 21. Jahrhunderts in den Bann. Die zentralistische Baustruktur aus dem 19. Jahrhundert wurde aufgebrochen, die Bausubstanz der 1950er Jahre aus der Zeit des Eisernen Vorhanges abgetragen.

Ich hoffe, dass es diesem Buch gelingt, die tiefgreifende Veränderung von Stadt und Infrastruktur und die damit verbundene Euphorie ebenso dauerhaft festzuhalten wie das Verschwundene.

DI Roman Bönsch, Fotograf und Herausgeber

PREFACE

As photographer and editor, I am very pleased to present you this book about the new Vienna Main Station, and I would like to thank all those who made it possible and contributed to this publication. It provides access points to the photographic and video architectural documentation I was entrusted with in the framework of the Vienna Main Station documentary project.

The publication portrays the evolution of the railway station in the period 2009 to 2014 and its grand opening. It focuses on the construction work of infrastructure and the urban surroundings and captures the metamorphosis and genesis of urban space. I chronicled the first phase of this transformation process in the illustrated volume "Vienna South Station and its demolition 2007–2010". The documentation period in the book before you also provides a retrospect of the days of the South and East Station, parts of which were in service for up to 170 years.

In 2008 I transposed the masterplan for Vienna Main Station with the plan of the South Station buildings to be demolished (see image to the right). When the South Station still existed I was underway with this plan and tried to imagine the future built structure on site. Parallel, I documented the old station short before its demolition. Now, in 2014, I can finally place the images of the past alongside those of today.

As a documenter I was fascinated with the architectural scale and the historical importance of the new station as a symbol for an open, networked Europe of the twenty-first century. The centralistic structure of the nineteenth century had been abolished, the fabric of the 1950s from the age of the Iron Curtain removed.

I sincerely hope this book succeeds in creating a lasting impression of the profound changes in the city and infrastructure and the connected euphoria as it does the vanished.

Roman Bönsch, photographer and editor

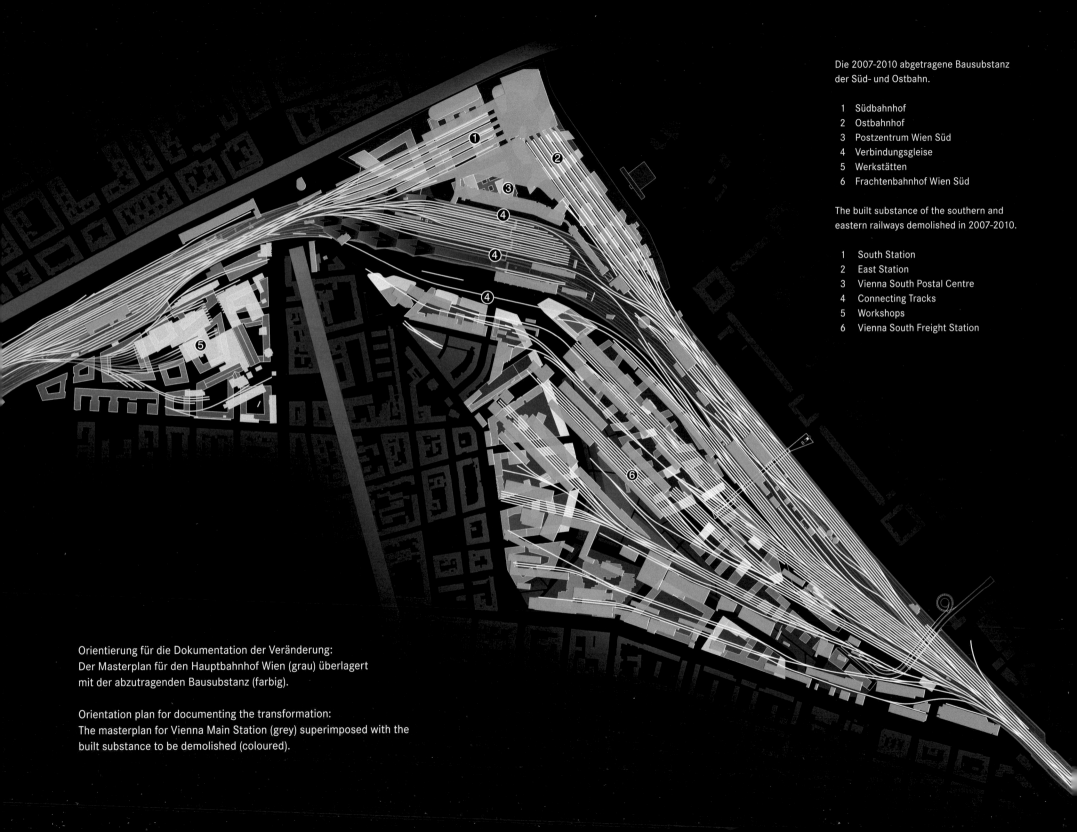

Die 2007-2010 abgetragene Bausubstanz
der Süd- und Ostbahn.

1   Südbahnhof
2   Ostbahnhof
3   Postzentrum Wien Süd
4   Verbindungsgleise
5   Werkstätten
6   Frachtenbahnhof Wien Süd

The built substance of the southern and
eastern railways demolished in 2007-2010.

1   South Station
2   East Station
3   Vienna South Postal Centre
4   Connecting Tracks
5   Workshops
6   Vienna South Freight Station

Orientierung für die Dokumentation der Veränderung:
Der Masterplan für den Hauptbahnhof Wien (grau) überlagert
mit der abzutragenden Bausubstanz (farbig).

Orientation plan for documenting the transformation:
The masterplan for Vienna Main Station (grey) superimposed with the
built substance to be demolished (coloured).

FOTOGRAFIE
Von der Dokumentation zum Mythos Bahnhof

Ein Fotograf, der sich auf ein großes dokumentarisches Unterfangen einlässt, wird – ob er dies nun will oder nicht – zum Arbeiter am Rohstoff der Erinnerung. Was er festhält, bestimmt, woran wir uns erinnern werden. Wie er dies tut, prägt, welche Qualität unsere Erinnerung haben wird. Er trägt dabei durchaus so etwas wie die Verantwortung eines Geschichtsschreibers. Roman Bönsch ist ein solcher Geschichtsschreiber mit den Mitteln der Fotografie. Gleich einem Eugène Atget, der unermüdlich die Straßen von Paris mit seiner Kamera durchwanderte – doch anders als dieser mit einem offiziellen Mandat ausgestattet –, zog Roman Bönsch auf dem Gelände des alten Süd- und Ostbahnhofes in Wien mit der Kamera umher, fast ein Jahrzehnt lang und bei jedem Wetter. Die Errichtung des Hauptbahnhofes von Wien – einer Stadt, die wie Paris, London oder Moskau nie einen Hauptbahnhof kannte – samt den umliegenden Stadtvierteln ist in seiner Komplexität und Dimension durchaus ein Vorhaben, das etwa an die Umgestaltung von Paris durch den Baron Haussmann erinnern mag. Entsprechend breit angelegt ist auch das Werk von Roman Bönsch, dieses Vorhaben fotografisch zu begleiten. Doch der Fotograf führt sein Werk mit einer Eleganz und Leichtigkeit aus, die alle Mühen vergessen macht. Seine Fotografie arbeitet mit dem Raum, mit dem Entstehen von Innenräumen ebenso wie mit dem sich wandelnden Stadtraum. Der Blick des studierten Architekten, der zum Fotografen wurde, zeigt sich hier in seinem Umgang mit dem Raum und mit dessen Wandel über die Zeit hinweg. Bestandsaufnahme und Prozessbegleitung sind beide konstitutive Elemente dieser fotografischen Arbeit. Bönsch verzichtet dabei auf die Festlegung, die Beschränkung auf einen einzelnen formalen Ansatz. Seine fotografische Ästhetik ist von einem Spiel mit der Komposition und ihrem Dialog mit der Architektur ebenso geprägt wie der Offenheit für Stimmungen und die Magie besonderer Momente.

Solche besonderen Momente gab es in den Jahren zwischen der Schließung des Süd- und Ostbahnhofes und der Eröffnung des Hauptbahnhofes so manche. Roman Bönschs Buch über „Bestand und Abbruch" des alten und das nun vorliegende über den Bau des neuen Bahnhofes bilden eine Einheit. Betrachtet man sie zusammen, so erinnert diese Arbeit an den römischen Gott Janus, der mit einem in die Vergangenheit und einem in die Zukunft gewandten Gesicht dargestellt wird. Das in die Zukunft blickende Gesicht erinnert auch an jenes Antlitz des Ingenieursgeistes des 19. Jahrhunderts, der sich in den großen Bahnhöfen als Kathedralen der Moderne feiern konnte. Die Überwindung der Distanz, die Bezwingung des Raumes durch die Eisenbahn findet ihr Pendant in den Manipulationen von Zeit und Raum, zu denen die Fotografie fähig ist. Beides Kinder eben jenes Ingenieursgeistes, verbindet Eisenbahn und Fotografie eine Verwandtschaft, die auch mit ihrer später einsetzenden kulturellen Aneignung zu tun hat. Der Blick durch das Fenster des Zugsabteils auf die vorbeiziehende Landschaft und der Blick durch den Sucher oder die Mattscheibe der Kamera macht sie beide zu Instrumenten zur Herstellung von Bildern – flüchtigen und konservierbaren. Die Bahnhöfe aber sind – wie Marcel Proust feststellte[1] – besondere Orte, die eigentlich nicht zur Stadt gehören. Sie sind Portale, Schleusen, Häuser zwischen den Welten. Dieser besondere Charakter des Bahnhofes ist es, dem Roman Bönsch auf seinen langen Wegen über das Gelände nachstellte und der in seinen Bildern spürbar wird.

Bertolt Brecht[2] hat nach den Menschen gefragt, die „das siebentorige Theben" tatsächlich errichtet haben. Roman Bönsch holt – in diesem Aspekt ergänzt durch Fotografien von Sigi Herzog, dem Projektkoordinator des Hauptbahnhofes – die Planer, Ingenieure und Arbeiter durch die Fotografie in sein Projekt herein und damit aus der Gesichtslosigkeit heraus. Verglichen mit deren arbeitsteiligem Tun erscheint die Arbeit des Fotografen als einsame Kunst. Nicht unähnlich den Pionieren der Fotografie, die mit schweren Kameras ins ewige Eis und in die Wüste reisten, erforschte Roman Bönsch die Terra incognita des riesigen Bauloses Hauptbahnhof. Er ist dabei auch ein wenig wie jener Hugo Cabret[3] aus dem gleichnamigen Film von Martin Scorsese, der heimlich in der Bahnhofsuhr wohnt und von dort aus seine Streifzüge durch den Bahnhof macht. Roman Bönsch beteuert zwar, mit seiner Kamera das Vorhandene nur so zeigen zu wollen, „wie es ist", aber das dürfen wir ihm nicht so ganz glauben. Denn es steckt noch viel mehr hinter seinen Fotografien. Hinter so lapidaren Formeln wie „Bestand und Abbruch" oder „Neubau" verbirgt sich etwas, das man auch als die Dekonstruktion und die Rekonstruktion des Mythos Bahnhof deuten kann. Sein doppelter, eben janusköpfiger fotografischer Blick prägt nicht nur unser zukünftiges Erinnern an unwiederbringliches Geschehen wie Abbruch und Neubau, er lässt auch die Konturen jenes Mythos in seiner jüngsten Wendung erkennen. Mythen sind nicht allein Geschichten aus der Kindheit der Menschheit, sondern auch ein sich stets neu speisendes Reservoir an Bildern und Geschichten, mit denen wir die Welt deuten. Aus den Kathedralen der Moderne sind heute exemplarische „third places"[4] geworden, also Orte mit Zügen sowohl des öffentlichen als auch des privaten Raumes. Bahnhöfe heute lassen Verkehrswege, Indoor-Plätze und Wartezonen, Shopping Malls und die eigentlichen Bahnanlagen eng ineinandergreifen und einen neuen Typ des urbanen Raumes entstehen. Wie es um die mythische Kraft dieses neuen Typs bestellt ist, könnte etwa folgender Lackmus-Test zeigen: Wenn wir uns an diesem Ort, den Roman Bönsch hier in seiner Konstruktion vor uns ausbreitet, dramatische und emotionsreiche Begegnungen wie jene der von Orson Welles, Joseph Cotten und Alida Valli verkörperten Figuren in dem Film „Der dritte Mann"[5] in heutiger Dynamik vorstellen können, dann taugt der Bahnhof als Biotop für das Wachsen neuer Mythen des 21. Jahrhunderts. Roman Bönschs janusköpfige Arbeit an der Weiterentwicklung des Mythos Bahnhof, so wie sie in diesem fotografischen Werk enthalten ist, erscheint in diesem Licht als wichtiger Beitrag für unsere zukünftige urbane Erinnerung und unsere kommenden Mythen über die Welt der Mobilität.

Dr. Andreas J. Hirsch, Autor, Kurator und Fotograf

1) Marcel Proust, Auf der Suche nach der verlorenen Zeit, Bd. 2 - Im Schatten junger Mädchenblüte I, Frankfurt, 1964, S. 287-288
2) Bertolt Brecht, Fragen eines lesenden Arbeiters, 1935, in: Die Gedichte von Bertolt Brecht in einem Band, Frankfurt am Main, 1981, S. 656
3) Hugo Cabret, Regie: Martin Scorsese, USA, 2011
4) Christian Mikunda, Marketing spüren: Willkommen am dritten Ort, Heidelberg, 2007, S. 12
5) Der dritte Mann, Regie: Carol Reed, UK, 1949

07.10.2009 Der Südbahnhof. | The South Station.

PHOTOGRAPHY
From Documentation to Train Station Mythology

A photographer who sets forth on an immense documentary endeavour will – whether he wants to or not – become a labourer of the raw material of memory. What he captures defines what we will remember. How he does it shapes the qual-ity our memory will have. He carries something quite like the responsibility of a historian. Roman Bönsch is such a historian with the medium of photography. Like a Eugène Atget, who tirelessly wandered the streets of Paris with his camera – but unlike him, equipped with an official mandate – Roman Bönsch roamed the terrain of Vienna's old South and East Stations, with camera round about, for almost a decade and in all weathers. The construction of the Main Station in Vienna – a city that like Paris, London, or Moscow, never knew a main station – along with the surrounding urban quarters might indeed in its complexity and dimension be reminiscent of the reorganisation of Paris by Baron Haussmann. Of a similar broad scope is also the work of Roman Bönsch to photographically accompany this project. But the photographer performs his work with an elegance and ease that leaves all efforts a distant memory. His photography works with space, with the emergence of interior spaces, and with the transformation of city space as well. The eye of the trained architect become photographer is reflected in his approach to space and its change over time. Inventory and the processual are both constitutive elements of this photographic work. But Bönsch foregoes the constraints, the limitations of a single formal approach. His photographic aesthetic is characterised by a game with composition and its dialogue with the architecture as well as an openness for atmospheres and the magic of special moments.

And there were many such moments in the years between the closing of the South and East Stations and the opening of Vienna Main Station. Roman Bönsch's book about the old Vienna South Station and its demolition and the book before you about the construction of the new station form a unity. Seen together, this work is reminiscent of the Roman god Janus, who is represented with one face looking to the past and one to the future. The face looking to the future also resembles the countenance of the engineering zeitgeist of the nineteenth century, which was celebrated in the major railway stations of the time as cathedrals of modernity. Overcoming distance, the conquest of space by the railway finds its counterpart in the manipulation of time and space, which photography is capable of. Both children of that engineering spirit, a kinship connects the railway and photography, which also has to do with their later cultural appropriation. The view out the train compartment window to the passing landscape and the view through the finder or the focusing screen of the camera make them both instruments for the production of images – fleeting and conservable. But the railway stations – as Marcel Proust[1] noted – are peculiar places that do not constitute part of the city. They are portals, gateways, buildings between worlds. It is this unique character of the railway station that Roman Bönsch pursues on his long journeys across the terrain and that becomes tangible in his images.

Bertolt Brecht[2] asked about the people who actually built the Thebes of the seven gates. Roman Bönsch's photography – enhanced in this aspect with photography by Sigi Herzog, the project coordinator of the Main Station – incorporates the planners, engineers, and workers in his project and brings them out of anonymity. In comparison to their collaborative divisions of labour, the work of the photographer seems a lonely art. Not unlike the pioneers of photography who travelled into the endless ice and deserts with their heavy cameras, Roman Bönsch explored the terra incognita of the vast building site Vienna Main Station. So he is also a bit like Hugo Cabret[3] in the same-named film by Martin Scorsese, who secretly lives in the station clock and from there sets off on his forays through the station. Roman Bönsch, however, insists that he simply wants to show the existing "how it is" – but we really shouldn't believe him. Because there is much more behind his photography. Behind such terse formulations like "demolition" and "new building" hides something that one could also interpret as the deconstruction and reconstruction of the train station mythology. His double, yes, Janus-headed photographic view not only shapes future memories of irretrievable happenings like demolition and new building, it also bespeaks the contours of this myth in its most recent expression. Myths are not just stories from the childhood of humankind; they are also a perpetually refreshing res-ervoir of images and stories with which we read the world. The cathedrals of modernity have today become exemplary "third places",[4] places with traits both of public and private space. Today railway stations are places where traffic routes, indoor squares and waiting zones, shopping malls, and the actual railway infrastructure closely interweave and form a new typology of urban space. How the mythical power is conjured in this new typology can perhaps be evidenced in the following litmus test: If we try to imagine dramatic and emotional encounters – like those of figures embodied by Orson Welles, Joseph Cotten, and Alida Valli in the film "The Third Man"[5] with a present day dynamic – in this space that Roman Bönsch has unfolded before us, then the train station surfaces as a biotope for the cultivation of new myths in the twenty-first century. Roman Bönsch's Janus-headed elaboration of the train station mythology, as it is presented in this photographic work, appears in this light as an important contribution to our future urban memory and our coming myths about the world of mobility.

Andreas J. Hirsch is an author, curator, and photographer.

---

1) Cf. Marcel Proust, In Search of Lost Time – Vol 2. Within A Budding Grove (New York: Thomas Seltzer, Inc., 1919).

2) Cf. Bertolt Brecht, "Questions From a Worker Who Reads" in Bertolt Brecht, Poems 1913–1956, trans. M. Hamburger (London: Eyre Methuen, 1976).

3) Martin Scorsese (dir.), Hugo Cabret (Paramount Pictures, USA, 2011).

4) Cf. Christian Mikunda, Brand Lands, Hot Spots & Cool Spaces: Welcome to the Third Place and the Total Marketing Experience, trans. Andrea Blomen (London: Kogan Page, 2004).

5) Carol Reed (dir.), The Third Man (Carol Reed's Production, UK, 1949).

13.07.2013 Blick nach Westen über den Hauptbahnhof Wien. | View to the west over Vienna Main Station.

HAUPTBAHNHOF WIEN

Ein neuer Hauptbahnhof und ein neues Stadtviertel von der Größe eines Wiener Innenstadtbezirks sind eine hochkomplexe Aufgabe für Planer, Architekten, Ingenieure und ausführende Firmen und eine enorme Herausforderung an die Zusammenarbeit zwischen den verschiedenen ÖBB-Dienststellen und mit den vielen Institutionen der Stadt Wien.

Drei transeuropäische Korridore kreuzen einander in Wien und werden im Hauptbahnhof miteinander verbunden. Etwa 100 Kilometer Gleise, 300 Weichen und 30.000 Quadratmeter neue Brückentragwerke auf sechs Kilometern Länge – das sind einige Eckdaten der neuen Bahninfrastruktur. Mittelpunkt ist der Hauptbahnhof mit fünf überdachten zwölf Meter breiten Inselbahnsteigen, mit seinem spektakulären Rautendach. Die Bahnsteige bilden eigentlich eine Eisenbahnbrücke, denn unterhalb befindet sich das Aufnahmegebäude mit fußbodenbeheizten Wartebereichen, Reisezentrum, Einkaufszentrum und Garage. Die Wärmeenergie für die Fußbodenheizung kommt aus Fernwärme und Geothermie. Garagen sind auch für etwa 1.000 Fahrräder vorgesehen. Mit dem Neubau der Bahninfrastruktur verschränkt, entsteht ein neues Stadtviertel. Dort werden 13.000 Menschen rund um einen großen Park wohnen und 20.000 Menschen arbeiten. Der Bildungscampus für 1.200 Schüler wurde am 1. September und die Verkehrsstation am 10. Oktober 2014 eröffnet.

Ein Buch kann nur Ausschnitte eines Projektes dieser Dimension ausstellen. Umso wichtiger ist es, dass die Bildauswahl als pars pro toto steht. Die Bilder und Fotos geben das wieder, was der eigentliche Kern des Projektes Hauptbahnhof Wien ist: das harmonische Zusammenwirken von Bauwerken und ihrer Umgebung, die erfolgreiche Zusammenarbeit von Planern, Architekten, Baumeistern und vielen Arbeitern wie Baggerführern oder Erdarbeitern, die Synergie von unterschiedlichsten Materialien, wobei Stahl, Glas und Beton die Außenwirkung dominieren. Diesem Dokumentationsband gelingt es mit eindrucksvollen Bildern der Architektur, von Innen- und Außenräumen, dieser Atmosphäre der Zusammengehörigkeit während des Baugeschehens, der Freude und dem Eifer bei Entstehung dieses Jahrhundertprojektes gerecht zu werden. Und in dieser Ausprägung ist dieses Buch ein wunderschöner Dank an alle, die an dem Projekt mitgewirkt und mitgearbeitet haben.   Karl-Johann Hartig

VIENNA MAIN STATION

A new Main Station and new urban quarters the size of a Viennese innercity district represent a highly complex task for planners, architects, engineers, and construction companies as well as an enormous challenge for the collaboration between various departments of the Austrian Federal Railways and numerous institutions of the City of Vienna.

Three trans-European corridors intersect in Vienna and are connected at the Main Station. Approximately 100 kilometres of railway tracks, 300 state-of-the-art switches, and 30,000 square metres of new bridge support structures with a length of six kilometres – these are just some of the key figures of the new railway infrastructure. The Main Station is the centrepiece with its spectacular diamond-shaped roof spanning over five twelve-metre-wide island platforms. The platforms actually form a railway bridge over the station building beneath with its floor heated waiting areas, travel centre, shopping centre, and underground garages. The thermal energy for the floor heating is supplied by district heating and geothermal energy. There are also parking places for more than 1,000 bicycles. Alongside the new railway infrastructure, a contemporary urban district is taking form: 20,000 people will work here and 13,000 people will live around a spacious park. The educational campus for 1,200 pupils opened on September 1 and the Main Station on October 10, 2014.

A book can only capture moments of a project with such dimensions. Thus, it is all the more important to present a selection of images as pars pro toto. These images and photographs reflect the true core of the Vienna Main Station project: the harmonious interplay of buildings and their surroundings; the successful collaboration of planners, architects, contractors, and construction workers, from excavators to crane operators; and the synergies between different types of material, where steel, glass, and concrete dominate at first glance. With its impressive images of the architecture, the inner and outer spaces, this documentary volume attests to this atmosphere of solidarity during the construction process, the joy and the enthusiasm in the evolution of this monumental project. And in this form this book serves as a wonderful expression of gratitude to all those who participated and worked on the project.   Karl-Johann Hartig

50 ha	NEUE BAHNINFRASTRUKTUR
5	Inselbahnsteige
12	Gleise im Bahnhof
1.000	Züge pro Tag
100 km	Neubaugleise
8 km	Lärmschutzwände
14.000	Lärmschutzfenster
32.000 m²	Dachfläche
20.000 m²	Einkaufszentrum
90	Geschäfte
630	PKW-Garagenplätze
1.150	Fahrrad-Abstellplätze

59 ha	NEUES STADTVIERTEL
5.500	Wohneinheiten
7 ha	Parkanlagen
550.000 m²	Büro- und Geschäftsflächen
5,5 km	Straßennetz
7 km	Radwege

50 ha	NEW RAILWAY INFRASTRUCTURE
5	island platforms
12	tracks in the station
1,000	trains per day
100 km	of new track
8 km	of sound barriers
14,000	soundproof windows
32,000 sqm	roof surface area
20,000 sqm	shopping mall
90	retail stores
630	parking places for cars
1,150	parking places for bicycles

59 ha	NEW URBAN DISTRICT
5,500	residential units
7 ha	park
550,000 sqm	office and commercial premises
5.5 km	street network
7 km	bicycle paths

Das östliche Projektgebiet.
The eastern project area.
Masterplan: Hotz/Hoffmann · Wimmer

HAUPTBAHNHOF **WIEN**

0	Schnellbahn	0	Rapid Transit Line
1	Wiedner Gürtel	1	Wiedner Gürtel
2	Favoritenstraße, U-Bahn U1	2	Favoritenstraße, U1 Underground Metro Line
3	Triester Straße	3	Triester Straße
4	Hauptbahnhof Wien	4	Vienna Main Station
5	Quartier Belvedere	5	Quartier Belvedere
6	Sonnwendviertel	6	Sonnwendviertel
7	Bildungscampus	7	Educational Campus
8	Helmut-Zilk-Park	8	Helmut Zilk Park
9	Arsenalsteg	9	Arsenal Footbridge
10	Südbahnhofbrücke	10	South Station Bridge
11	Bahnhof Wien Meidling	11	Vienna Meidling Station
12	High-Tech-Stützpunkt Wien Matzleinsdorf	12	Vienna Matzleinsdorf High-Tech Headquarters
13	Überwerfung	13	Overpass
14	Unterwerfung	14	Underpass
15	Verladestelle Auto im Reisezug	15	Car Loading Area
16	Stadtentwicklungsgebiet Laxenburger Straße, nicht Teil des Hauptbahnhof Wien Projektes	16	Laxenburgerstraße Urban Development Area (not part of the Vienna Main Station project)

Der Hauptbahnhof Wien am Schnittpunkt dreier transeuropäischer Korridore.
Vienna Main Station at the intersection of three trans-European corridors.

Plangrundlagen:
Masterplan Hauptbahnhof Wien 2014
Gesamtlageplan Hauptbahnhof Wien 2014
MZK, Stadt Wien MA41-Stadtvermessung

Map Sources:
Vienna Main Station Masterplan 2014
Vienna Main Station Overall Site Plan 2014
Multi-Purpose Map, City of Vienna Dept. 41 City Surveying

HAUPTBAHNHOF **WIEN**

HISTORISCHE ENTWICKLUNG
DER BAHNHÖFE WIENS

Seit es moderne Städte gab, bestimmten die Rahmenbedingungen der Wirtschaft und Mobilitätsbedürfnisse deren Gründung und Entwicklung. Die zunehmende Bevölkerungsdichte einer Stadt und das soziale Spektrum ihrer Bewohner verlangten nach neuen Verkehrslösungen. Bald entdeckten die Städteplaner die gegenseitige Abhängigkeit von Städtewachstum und Verkehr. Diese Entwicklung konnte man mit der Anbindung an die öffentlichen Verkehrsmittel sogar geschickt steuern. Die Eisenbahn veränderte die Stadt, die Stadt veränderte die Eisenbahn. So schuf die Einführung der Eisenbahn neue Standortkriterien für die Städte. Die anderen städtischen Verkehrsmittel trugen zu ihrer Ausdehnung bei. In den Bahnhöfen manifestierte sich ein neues, modernes Selbstbewusstsein. Bahnhofshallen, -straßen, -restaurants, -hotels und Bahnhofsviertel stellten den Kern neuen, innerstädtischen Lebens dar. Hatten die Postkutschen noch ihre Stationen im Zentrum der Städte – häufig waren Gasthöfe („Zur Post") Vorläufer der Bahnhöfe –, entstanden die Bahnhöfe eher an der Peripherie der Städte. Schienen, Werkstätten und Lagerhäuser benötigten viel Fläche, die in der Stadt schwer zu finden und schon damals zu kostspielig gewesen wäre. Die Lage der neuen Bahnstationen entsprach durchaus der Natur des neuen Transportmittels: Die stampfende, dampfende, auf Eisen und Stahl rollende Maschine gehörte in die Sphäre der Industrie. Dieses Image haftete den Bahnhöfen lange Zeit an und prägte auch deren Architektur. Die Bahnhofshalle mit den Geleisen und Bahnsteigen wurde aus Eisen und Glas errichtet, zweckorientiert, praktisch auch wegen des Lichteinfalls und modern. Zur Stadt hin wurde dieser industrielle Aspekt kaschiert, verkleidet, beschönigt. Die Empfangshallen gerieten zu pompösen Gründerzeit-Palais aus Stein und Marmor. Der neue Bahnhof wurde, je nach Destination der Reisenden, zum Entrée der Stadt oder zum Ausgangstor in die Ferne. Die neuen Bahnhöfe waren sichtbare „Landmarke" und beeinflussten die weitere Stadtentwicklung. Das erhöhte Verkehrsaufkommen zwischen Bahnhof und Stadt erforderte den Ausbau der Straßen. Um die Bahnhöfe herum setzte rege Bautätigkeit ein. Transport- und Lagerunternehmen, Hotels und Geschäfte siedelten sich an, der Wohnungsbau folgte – neue Stadtteile wie beispielsweise Favoriten entstanden.

Das Bahnzeitalter in Österreich begann offiziell am 23.11.1837 mit dem ersten Dampfzug von Floridsdorf nach Deutsch-Wagram. Bald darauf entstanden die Verbindungen zu den wichtigsten Hauptstädten der habsburgischen Länder. Jede „concessionierte" Eisenbahngesellschaft baute in Wien „ihren" Kopfbahnhof, in dem „ihre" Züge ankamen und abfuhren. Waren es anfangs noch konturlose Zweckbauten mit nur ein oder zwei Gleisen und spärlicher Überdachung, so erkannten die Bahnbetreiber rasch die Bedeutung des Bahnhofs als Aushängeschild, als monumentale Fassade ihres Unternehmens. Es war die Geburtsstunde der großen Prunkbauten der Gründerzeit, meist im neoklassizistischen Stil. Knapp vier Jahre nach dem Start, 1841, entstanden mit dem Gloggnitzer Bahnhof und dem Raaber Bahnhof die ersten Vorläufer des heutigen Hauptbahnhofes. Von 20.6.1841 an war die Strecke der von Georg Simon Freiherr von Sina errichteten Gloggnitzer Bahn von Wien bis Wiener Neustadt durchgehend befahrbar, ab 5.5.1842 bis Gloggnitz. Matthias Schönerer, der bedeutende österreichische Eisenbahnpionier, der bis 1870 fast an jedem größeren Bahnprojekt beteiligt war, legte als verantwortlicher Ingenieur den Grundstein für das Bahnhofsdreieck zwischen dem Belvedere und Favoriten. Die Bahnhöfe waren im damals für öffentliche Gebäude üblichen klassizistischen Baustil gehalten und symmetrisch angeordnet. Verbunden waren sie durch die gemeinsam genützten Depots, Remisen, Werkstätten und durch ein dem Belvedere gegenüberliegendes Restaurant, das einen herrlichen Blick („Canaletto-Blick") über Wien bot. Die dritte Seite bildete die gesellschaftseigene Maschinenfabrik. 1853 verstaatlicht, 1858 reprivatisiert, bestanden die Bahnhöfe bis Anfang der 1870er Jahre. Lediglich über den Vorplatz wurde 1859 das Gleis der Verbindungsbahn Richtung Hauptzollamt gelegt und für den gestiegenen Güterverkehr wurde ein vorgelagerter Güterbahnhof in Matzleinsdorf errichtet. In der Hochkonjunktur der Gründerzeit, 1870–73, wurde ein größerer, repräsentativer Kopfbahnhof gebaut. Dieser zweite Südbahnhof, geplant vom Stuttgarter Architekten Wilhelm von Flattich, vereinte technische Funktionalität und architektonische Gestaltung zu einem der wertvollsten Bauten österreichischer Eisenbahnarchitektur der Gründerzeit. Steinerne Markuslöwen krönten ihn, von denen zwei, einer in Laxenburg, einer in der Kassenhalle des ehemaligen Südbahnhofs, erhal-

Oben: Biedermeier: Raaber Bahnhof und Gloggnitzer Bahnhof.
Unten: Gründerzeit: Der Wiener Südbahnhof von Wilhelm von Flattich.
Above: Biedermeier: Raab Station and Gloggnitz Station.
Below: Gründerzeit: Vienna South Station by Wilhelm von Flattich.

ten geblieben sind. Gleichzeitig wurde der Raaber Bahnhof nach Plänen von Carl von Schumann und Carl von Ruppert umgebaut. Nach 1918 wurde der Betrieb der Eisenbahnen verstaatlicht und 1924 den BBÖ übertragen, das Eigentum an den Anlagen der Südbahn blieb aber bis zum „Anschluss" an das Dritte Reich bei der Südbahn-Nachfolgerin Donau-Save-Adria-Eisenbahn AG. Die ab 1943 heftigen Luftangriffe der Alliierten im Zweiten Weltkrieg fielen für den Südbahnhof glimpflich aus. Nach dem Zweiten Weltkrieg gehörten Süd- und Ostbahn den ÖBB, das Areal zwischen beiden Bahnhöfen stand nach Schließung der StEG-Lokomotivfabrik 1929 zur Verfügung. Die Kriegsschäden und der Bau der Schnellbahn rechtfertigten großzügige Neuplanungen im Zeitgeist der 1950er Jahre. Dabei wurden beide Bahnhöfe zu einem einzigen Bahnhofsgebäude – allerdings mit einem Höhenunterschied von 4,5 Meter – vereint. Mit dem 2010 erfolgten Abriss des Südbahnhofes, der Absiedlung des Frachtenbahnhofs und der Entfernung alter Gleisanlagen wurden 109 Hektar Baufläche freigemacht. Die Bahninfrastruktur beansprucht davon rund 50 Hektar. Auf den verbleibenden 59 Hektar entsteht aus einer „Bahnbrache" ein neuer Stadtteil.

Obwohl schon vor 150 Jahren Ideen und Pläne für den Bau einer „centralen Eisenbahnstation" vorgelegen hatten, hatte Wien bisher keinen bedeutenden Durchgangsbahnhof. Zwar gab es seit der Gründerzeit Bahnlinien in den gesamten mittel- und osteuropäischen Raum, aber sämtliche Passagiere, die über Wien reisten, mussten zeitaufwändige Bahnhofswechsel hinnehmen. Dieser Engpass der Eisenbahn-Mobilität wird mit dem neuen Hauptbahnhof endgültig beseitigt. Anstelle von Kopfbahnhöfen erlauben durchgebundene Gleise den Zügen aus allen Himmelsrichtungen die Weiterfahrt in jede gewünschte Richtung. Passagiere können am Hauptbahnhof Wien am selben Bahnsteig oder an Nachbarbahnsteigen in Anschlusszüge umsteigen, ohne Transfers von Bahnhof zu Bahnhof. Das Reisen mit der Bahn wird dadurch schneller, einfacher und komfortabler.

Dr. Karl-Johann Hartig,
Gesamtprojektleiter Hauptbahnhof Wien, ÖBB-Infrastruktur AG

HISTORICAL DEVELOPMENT
OF VIENNA'S RAILWAY STATIONS

In the age of modern cities, economic and mobility requirements have influenced their foundation and development. The increasing population density of a city and the social spectrum of its inhabitants called for new traffic solutions. Soon city planners discovered the reciprocal dependency of urban growth and traffic. One could even cleverly control this development with connections to public transportation. The railway changed the city – the city changed the railway. And so the introduction of the railway created new location criteria for cities. Other means of urban transportation contributed to their expansion. A new, modern confidence manifested in the railway stations. Station halls, streets, restaurants, hotels, and quarters formed the heart of new innercity life. Whereas the post stagecoaches still had their stations in the city centres – often inns ("Zur Post") were forerunners of railway stations – railway stations evolved more often on the periphery of cities. Tracks, workshops, and warehouses required a lot of space, which was hard to find in the city and would have been too costly already at that time. The location of the new train stations was quite appropriate for the nature of this transportation means: The stomping, steaming iron and steel rolling machines belonged in the realm of industry. This image stuck to train stations for a long time and also informed their architecture. The station halls with their tracks and platforms were built out of iron and glass, functionally oriented, practical also because of the natural light, and modern. Facing the city, this industrial aspect was concealed, disguised, decorated. The entrance halls became pompous Gründerzeit palaces of stone and marble.

Depending on the destination of the traveller, the new railway station became the entrée to the city or the gateway into the distance. The new stations were landmarks and influenced further urban development. Increased traffic between the stations and the city necessitated the upgrading of streets. Bustling construction activity began around the stations: Transport and storage companies, hotels and stores settled in the area, residential buildings followed – new city districts like Favoriten came into being.

The Austrian railway era officially began on November 23, 1837 with the first steam train from Floridsdorf to Deutsch-Wagram. Shortly thereafter, connections to the most important capitals in the Habsburgian lands were built. Each concessionary railway company established "their" own railhead station in Vienna where "their" trains arrived and departed. In the beginning they were still nondescript functional buildings with only one or two tracks and a provident roof, but the railway operators quickly recognised the importance of the station as a figurehead, as a monumental façade for their company. It was the birth of the grand edifices of the Gründerzeit, the most in neoclassical style. In 1841, a mere four years into the new era, Gloggnitz Station and Raab Station were built, the first predecessors of today's Main Station. From June 20, 1841 the route of Georg Simon Freiherr von Sina's Vienna–Gloggnitz Railway was fit for traffic from Vienna to Vienna Neustadt; from May 5, 1842, to Gloggnitz. Matthias Schönerer, the notable Austrian railway pioneer who was involved in almost every major railway project until 1870, laid the foundation stone for the railway station triangle between the Belvedere palace and the district Favoriten in his role as the responsible engineer. The stations adhered to the usual classical style typical for public buildings at the time and were symmetrical in design. They were connected through shared depots, locomotive sheds, workshops, and by a restaurant across from the Belvedere, which offered a fantastic view over Vienna (the "Canaletto View"). The company-owned machine factory formed the third side. Nationalised in 1853, reprivatised in 1858, these stations existed until the beginning of the 1870s. Only a connecting track of the junction railway to Hauptzollamt was laid in 1859. And up the tracks a freight station was built in Matzleinsdorf for the increased freight traffic.

In the boom years of the Gründerzeit, 1870 to 73, a larger, more representative railhead station was built. This second South Station, designed by the Stuttgart architect Wilhelm von Flattich, united technical functionality and architectonic form into one of the most valuable examples of Austrian railway architecture of the Gründerzeit. Stone lions of St. Mark crowned the building, two of which are preserved: one in Laxenburg and one in the former ticket hall of Vienna South Station. At the same time, Raab Station was converted in accordance with plans by Carl von Schumann and Carl von Ruppert.

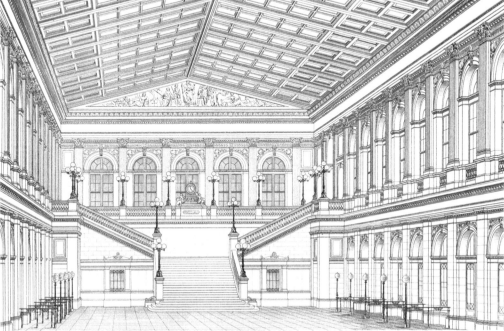

After 1918, railway operations were nationalised and then handed over to the BBÖ in 1924; ownership of the southern railyards, however, remained with the Southern Railway successor Danube-Save-Adriatic Railway Company until annexation to the Third Reich. Heavy air raids by the Allies in the Second World War from 1943 on left the South Station relatively unscathed. Following the Second World War, the southern and eastern railways belonged to the Austrian Federal Railways; the terrain between the two stations was available after the StEG locomotive factory ceased operations in 1929. War damage and the construction of the rapid transit railway justified extensive new plans in the spirit of the 1950s. This implied the integration of the two stations into one station building – albeit with a 4.5-metre-height difference between the tracks. 2010 marked the demolition of this "new" South Station, the relocation of the freight station, and the removal of the railway yards, providing 109 hectares of free building land. The railway infrastructure claims 50 hectares thereof. On the remaining 59 hectares a "railway wasteland" is transforming into a new urban district.

Although there were already ideas and plans for the construction of a "central railway station" 150 years ago, to date Vienna never had an important through station. Since the Gründerzeit there had been railway lines throughout the entire Central and Eastern European area – however, every passenger who travelled via Vienna had to put up with time-consuming station changes. This bottleneck in railway mobility is finally dispelled with the new Main Station. In place of railheads, continuous tracks facilitate smooth passage for trains from all points on the compass heading in any desired direction. At Vienna Main Station passengers can change to connecting trains on the same platform or on the neighbouring one without transfers from one railway station to another. Travelling with the train has thus become faster, easier, and more comfortable.

Karl-Johann Hartig
Vienna Main Station General Project Manager
ÖBB-Infrastruktur AG

Die Halle des Gründerzeit-Südbahnhofes. | The hall of the Gründerzeit South Station.

09.12.2012 Die Halle des Wiener Hauptbahnhofes am Morgen der Teileröffnung. | The hall of Vienna Main Station on the morning of the partial openining.

EIN NEUER BAHNHOF
IN EINEM NEUEN STADTTEIL

Rolle und Funktion von Bahnhöfen haben sich im Laufe der letzten Jahrzehnte grundlegend gewandelt. Während früher die typische Bahnhofsausstattung auf die Grundversorgung der Reisenden ausgerichtet war und sich auf Wartehalle, Ticketschalter und ein paar Kioske beschränkte, wurden in den letzten Jahrzehnten europaweit viele Bahnhöfe zu multifunktionalen Verkehrsdrehscheiben und Einzelhandelszentren um- oder neu gebaut. Aber nicht nur das Bahnhofsgebäude selbst, auch die städtebauliche Wechselwirkung, die Bahnhöfe auf ihre unmittelbare Umgebung immer schon ausgeübt haben, unterliegt einem Wandel: Der Bahnhof wird stadtplanerisch wieder verstärkt als Teil des urbanen Zentrums gesehen. Beispiele im In- und Ausland zeigen, dass ein neuer oder revitalisierter Bahnhof auch den entscheidenden Impuls für die Aufwertung der unmittelbaren Umgebung – bis hin zur Entstehung von ganz neuen Stadtteilen – geben kann. Voraussetzung hierfür ist freilich, dass sich die Städte in ihren Entwicklungsplänen zur innerstädtischen Stadtentwicklung bekennen und dass es eine Übereinstimmung darüber gibt, Bahnhöfe positiv im städtischen Leben zu verankern.

Der neue Hauptbahnhof Wien bringt für die Stadt, die Menschen und den Wirtschaftsstandort vielfältige Impulse. Mit ihm entsteht nicht nur Wiens erster Durchgangsbahnhof und ein neuer Knotenpunkt im transeuropäischen Eisenbahnnetz, sondern zugleich ein ganz neuer Stadtteil – keine zehn Minuten von der Wiener Innenstadt entfernt. Der neue Hauptbahnhof hat weitreichende Auswirkungen auf den europäischen Schienenverkehr, aber auch auf die angrenzenden Bezirke und die Stadt Wien jenseits des eigentlichen Bahnhofsgebäudes: Rund um die Verkehrsstation werden bis 2020 auf einer Fläche von 59 Hektar insgesamt 5.500 neue Wohnungen, Büros für 20.000 Arbeitsplätze sowie Hotels, Handels- und Dienstleistungsbetriebe realisiert. Mit dem sieben Hektar großen Helmut-Zilk-Park mitten im Stadtviertel wird es ausreichend Grün- und Freiräume geben, die eine hohe Wohn- und Lebensqualität garantieren. Ein Bildungscampus mit Kindergarten sichert die soziale Infrastruktur. Das neue Stadtviertel entsteht auf einer ehemaligen Fläche der ÖBB, auf welcher jahrzehntelang unter anderem der Frachtenbahnhof Wien Süd beheimatet war. Aufgrund von Standortkonzentrationen im

Schienengüterverkehr wurde er schon vor Jahren aufgelassen und das Areal war somit frei für eine städtebauliche Entwicklung. Die zentrale Herausforderung bei Stadtentwicklungsprojekten besteht in der Zusammenführung der vielfältigen Interessen unterschiedlichster Akteure und in der gemeinsamen Wahrung des übergeordneten Ziels, nämlich nachhaltige urbane Konzepte zu entwickeln. Beim neuen Stadtteil rund um den Hauptbahnhof Wien ist es durch die konstruktive Zusammenarbeit zwischen ÖBB-Immobilien, Stadt Wien, Partnern und Investoren gelungen, gemeinsam ein neues innerstädtisches Quartier zu konzipieren, in dem die BewohnerInnen gerne leben werden: mit ausreichend Grünraum, Platz zum Flanieren, ausgewogenen Nutzungen, sozialer Durchmischung und bester Infrastruktur hinsichtlich Bildung, Nahversorgung und Mobilität.

Neben dem Hauptbahnhof-Areal besitzen die ÖBB vor allem in Wien weitere zentral gelegene ehemalige Betriebsareale, auf denen bereits jetzt bzw. in den kommenden Jahren neue Stadtteile wachsen werden. Dazu zählen unter anderem das Areal des ehemaligen Frachtenbahnhofs Wien Nord, der derzeit noch als Frachtenbahnhof genutzte Nordwestbahnhof sowie weitere innerstädtische Areale etwa an der Laxenburger Straße, Felberstraße oder in Floridsdorf. Das Entwicklungspotenzial an ÖBB-Flächen in Wien liegt insgesamt bei rund zwei Millionen Quadratmetern Bruttogeschossfläche. Zwei entscheidende Pluspunkte zeichnen die ÖBB-Flächen besonders aus: ihre zentrale Lage und die gute Anbindung an die öffentlichen Verkehrsmittel. Aufgrund der zunehmenden Verdichtung gibt es nur wenige innerstädtische Flächen in vergleichbarer Qualität. Und im Gegensatz zu Stadtentwicklungsgebieten am Wiener Stadtrand können die Kosten für die infrastrukturelle Erschließung vergleichsweise gering gehalten werden – gerade in Zeiten begrenzter finanzieller Ressourcen der öffentlichen Hand ein weiterer wesentlicher Vorteil. Die neuen Stadtteile entstehen somit nicht auf der „grünen Wiese", sondern fügen sich in die bestehende Umgebung harmonisch ein. Generell erwächst aus solchen städtebaulichen Entwicklungen langfristig eine Win-Win-Situation für alle Betroffenen. Der ÖBB-Konzern steigert durch Standortkonzentrationen die betriebliche Effizienz und hat so die Möglichkeit,

nicht mehr betriebsnotwendige Flächen zu verkaufen. Beim Hauptbahnhof Wien fließen die Grundstückserlöse als Finanzierungsbeitrag direkt in den Bau des neuen Hauptbahnhofs. Bezirksteile, die einst durch stillgelegte Frachtenbahnhöfe oder alte Gleisanlagen jahrzehntelang getrennt waren, werden städtebaulich wieder vereint und die gesamte Umgebung wird nachhaltig aufgewertet. Besonders die Bevölkerung profitiert: In den neuen Stadtteilen entstehen jetzt und in den kommenden Jahren tausende neue, zum Teil geförderte Wohnungen, die wegen des anhaltend starken Zuzugs nach Wien dringend benötigt werden.

Wie bereits eingangs erwähnt, machen auch die Bahnhofsgebäude selbst seit Jahren einen bemerkenswerten Funktions- und Rollenwandel durch. Die Zielgruppe des Bahnhofs ist heterogener geworden: Nicht nur Fahrgäste, auch Anrainer und Besucher sollen zum Bahnhof kommen und seine vielfältigen Angebote nutzen. Mit der BahnhofCity Wien West mit einer Reisendenfrequenz von 43.000 wurde erstmals in Österreich ein Bahnhof in völlig neuer Dimension eröffnet. Mit einem 20.000 m² großen Einkaufszentrum, mit Büroflächen sowie einem Hotel hat er sich als neuer multifunktionaler Anziehungspunkt im Westen von Wien etabliert. Auch am Hauptbahnhof Wien wird im Herbst 2014 eine 20.000 m² große BahnhofCity mit rund 90 Geschäften eröffnen. Diese zweigeschossige Geschäftszeile am Bahnhof wird übrigens eine umweltfreundliche Alternative zu peripher gelegenen Einkaufszentren. Der Bahnhof soll darüber hinaus zu einem Anziehungspunkt für Anrainer, Besucher und Bewohner des neuen Stadtviertels werden.

Mit dem Jahrhundertprojekt Hauptbahnhof Wien haben wir nicht nur unsere Kompetenz als Mobilitätsdienstleister unter Beweis gestellt, sondern gezeigt, dass wir als modernes Immobilienunternehmen zukunftsorientiert agieren und Verantwortung für unsere Umwelt und für die nächste Generation übernehmen.

Dipl. Ing. Herbert Logar
Geschäftsführer, ÖBB-Immobilienmanagement GmbH

27.06.2014 Hauptbahnhof Wien und ÖBB-Konzernzentrale. | Vienna Main Station and the ÖBB corporate headquarters.

A NEW RAILWAY STATION
IN A NEW URBAN DISTRICT

The role and function of railway stations have fundamentally changed over the course of the past few decades. Whereas earlier the typical station facilities used to be oriented towards the basic needs of travellers and materialised in a waiting room, ticket counter, and a few kiosks, in recent decades many railway stations across Europe have been redesigned or newly built as multifunctional transportation hubs and retail shopping centres. However, not only the station buildings themselves but also the reciprocal urbanisation effects that railway stations have always had on their immediate surroundings are undergoing a transformation: In city planning the railway station is again seen as a part of the urban centre. Examples in Austria and abroad demonstrate that a new or revitalised station can also spark the upgrading of the neighbouring vicinity – even to the point of the emergence of entirely new urban districts. A requirement for this, of course, is that cities avow to innercity urban development in their plans and that there is a consensus to positively anchor railway stations in urban life.

The new Vienna Main Station offers a diverse range of impulses for the city, its inhabitants, and the business location. It is not only Vienna's first through station and a new hub in the trans-European rail network; at the same time, a completely new urban district has come into being – not even ten minutes away from Vienna's city centre. The new Main Station has far-reaching effects on European rail transportation but also on the neighbouring districts and the city of Vienna, beyond just the actual station building. A total of 5,500 new apartments, offices with 20,000 workplaces, along with hotels, commercial premises, and service providers will be realised on a 59-hectare site around the station by the year 2020. The seven-hectare Helmut Zilk Park in the middle of the district will provide sufficient green and open space to guarantee a high level of living quality. An educational campus with kindergartens reinforces the social infrastructure. This new urban area is materialising upon a former ÖBB terrain, which for decades used to accommodate, amongst other things, the Vienna South Freight Station. Due to the consolidation of business locations in rail freight traffic, it was already abandoned for years and therewith available for urban development.

The main challenge in urban development projects lies in the integration of the diverse interests of different protagonists and in the mutual safeguarding of an overall objective, namely the development of sustainable urban concepts. For the new urban district around Vienna Main Station, the constructive cooperation between ÖBB-Immobilien (Real Estate Management), the City of Vienna, and partners and investors led to the joint concept for a new innercity quarter where residents will be happy to live: generous green spaces, places to take a stroll, a functional balance and social mix, and the best infrastructure for education, local services, and mobility.

Besides the Main Station area, the ÖBB owns – in Vienna in particular – other centrally located former company premises where new neighbourhoods are already growing today and will in the coming years. Amongst them: the terrains of the former Vienna North Freight Station and the still operational Northwest Freight Station as well as other innercity locations such as those on Laxenburger Straße, Felberstraße, or in the district Floridsdorf. The development potential on ÖBB properties in Vienna amounts to a total of roughly two million square metres gross floor area. Two decisive assets especially distinguish ÖBB properties: their central locations and good connections to public transportation. Due to increasing densification, there are only a few innercity sites of comparable quality. And in contrast to urban development areas on the periphery of Vienna, the costs of transportation infrastructure can be kept to a minimum – another important advantage precisely in a time of limited public financial resources. Hence, these new urban districts are not built on the "green field"; rather they are harmonious insertions into the existing surroundings. Generally speaking, such urban planning developments result in a win-win situation on the long term for all those involved. Through the consolidation of business locations the ÖBB corporation increases its operational efficiency and thereby has the opportunity to sell properties no longer needed for business. In the case of Vienna Main Station, the proceeds from real estate sales flow directly into the construction of the new station as financial contributions. District areas once separated for decades by decommissioned freight stations or old railway yards become reunited, which results in the

sustainable upgrading of the entire vicinity. A profit especially for the inhabitants: Now and in the coming years thousands of new, in-part subsidised apartments are being built, which are urgently needed given the continuous strong influx of people coming to Vienna.

As mentioned initially, also the railway station buildings themselves have been undergoing a remarkable change in their role and function since years. The target group of a station has become more heterogeneous: Not only passengers but also local residents and visitors come to the station and make use of its broad range of services. With a passenger frequency of 43,000, the BahnhofCity at Vienna West Station was the first of its kind to open in Austria. A 20,000-square-metre shopping mall, office spaces, and a hotel helped to establish it as a new multifunctional centre of attraction in the west of Vienna. In autumn 2014 the 20,000-square-metre BahnhofCity with approximately 90 shops opened in Vienna Main Station. This two-storey commercial zone in the station also serves, incidentally, as an environmentally-friendly alternative to shopping centres on the periphery. Furthermore, the station should also become a vital attraction for visitors, neighbours, and residents of the new urban district.

With the colossal Vienna Main Station project we have not only demonstrated our competence as a mobility service provider, we have shown how a modern real estate company can act with an eye to the future while taking responsibility for our environment and the next generations.

Herbert Logar
CEO of ÖBB-Immobilienmanagement GmbH

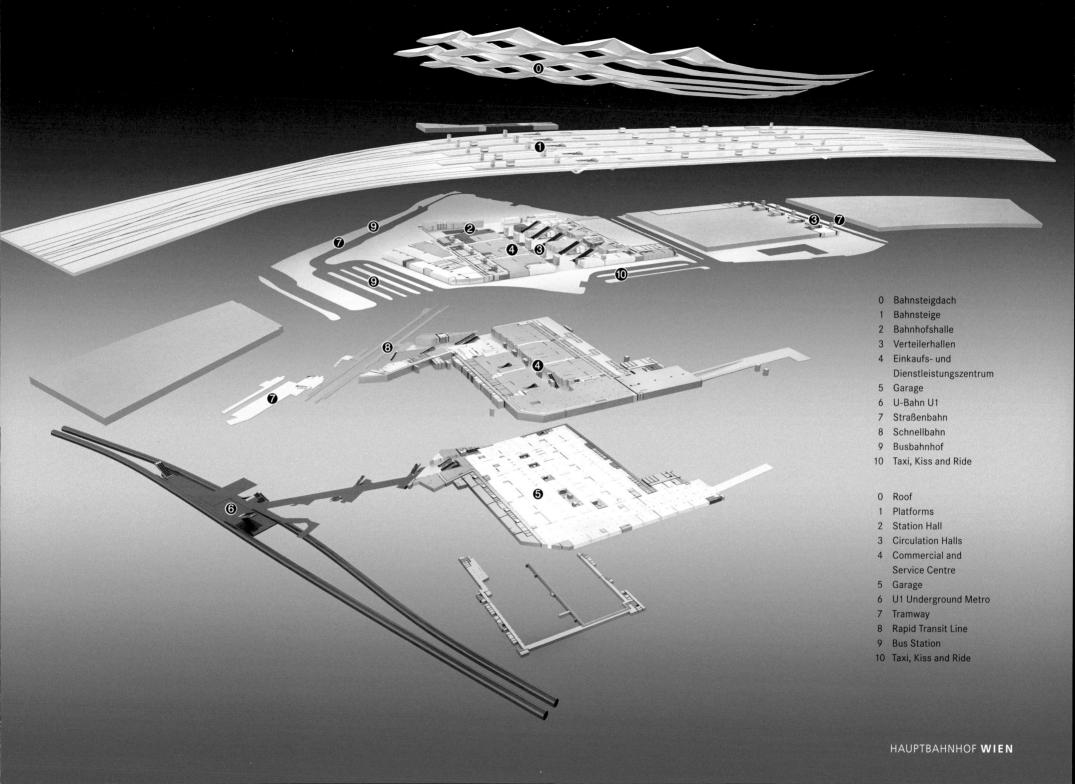

0 Bahnsteigdach
1 Bahnsteige
2 Bahnhofshalle
3 Verteilerhallen
4 Einkaufs- und
  Dienstleistungszentrum
5 Garage
6 U-Bahn U1
7 Straßenbahn
8 Schnellbahn
9 Busbahnhof
10 Taxi, Kiss and Ride

0 Roof
1 Platforms
2 Station Hall
3 Circulation Halls
4 Commercial and
  Service Centre
5 Garage
6 U1 Underground Metro
7 Tramway
8 Rapid Transit Line
9 Bus Station
10 Taxi, Kiss and Ride

HAUPTBAHNHOF **WIEN**

QUARTIER BELVEDERE
SONNWENDVIERTEL

Die Frage, wo es denn seinen Sitz hat, das berühmte Wiener Herz, ist mit dem Verweis auf einen Ort nicht zu beantworten. Es schlägt im Stephansdom und im Wurstelprater, in der Hofburg und beim Heurigen, im Burgtheater, am Naschmarkt und auf der Donauinsel. Überall dort, wo Wien Wien ist. Denn Wien hat nicht nur EIN Herz, die Stadt ist ein multipler Organismus, der sich unablässig weiterentwickelt, der ständig weiterentwickelt wird. Seit einiger Zeit sind neue Herztöne in Wien zu hören. Sie kommen aus einer Gegend, die in den vergangenen Jahrzehnten vor allem „eine Gstättn" war: Südbahnhof, irgendwo dort, beim Belvedere. Und mittendrin, zwischen Bahngleisen und Betonmauern, ein gigantisches, städtisches Niemandsland.

Zweite Hälfte 2014: Aus besagter Gstättn ist mittlerweile ein Stadtteil geworden, das Stadtentwicklungs-Triptychon des modernen Wien, Hauptbahnhof / Sonnwendviertel / Quartier Belvedere. Die große Baustellen-Perspektive, die sich dem Besucher des von Stadt Wien und ÖBB betriebenen bahnorama-Turms jahrelang bot, ist merklich kleiner geworden. Natürlich wird auch noch in den nächsten Jahren weiter gebaut – die Zentrale der Erste Bank muss noch bezogen oder etwa das derzeitige Brachfeld des Quartier Belvedere Central noch angegangen werden –, dennoch sind die Grundzüge des neuen Stadtteils bereits sehr gut erkennbar. Erfolgreiche

Stadtentwicklung ist traditionell eine wienerische Spezialdisziplin – und ein maßgeblicher Grund, weshalb Wien seit Jahren als eine der lebenswertesten Städte der Welt gilt. Stadtentwicklung ist dabei nur der Oberbegriff für ein fein aufeinander abgestimmtes Bündel von Maßnahmen und eine ausgeklügelte Organisation mit vielen einander treibenden Zahnrädern. Der soziale Wohnbau beispielsweise, ein zentrales Element der Wiener Stadtentwicklung, ruht auf den vier Säulen Architektur, Ökologie, Ökonomie und soziale Nachhaltigkeit. Allein die Kriterien für soziale Nachhaltigkeit umfassen 26 Einzelpunkte. Stadt ist komplex, Stadtentwicklung sehr komplex.

Aus der Vielzahl der Bauten im Sonnwendviertel ragen die niedrigsten in ihrer Bedeutung für Wien besonders hoch empor. Es sind die Gebäude des Bildungscampus Sonnwendviertel, der die architektonische Umsetzung moderner Pädagogik ist. Für Schulgebäude galt lange die Formel der habsburgischen Militärakademien aus dem 19. Jahrhundert: 60x1+2x1,5=9x7=1. Sechzig Schüler mal einen Quadratmeter plus je eineinhalb Quadratmeter für Ofen und Lehrer ergibt einen Raum von sieben mal neun Metern, ist gleich ein Klassenzimmer. Fertig. Dem neuen bungalowartigen Campusbau für rund 1100 Kinder und Jugendliche hingegen liegt nicht diese Formel, sondern ein vermeintlich einfaches Konzept zugrunde: Kommunikation fördern.

29.06.2012

Blick aus dem Sonnwendviertel über den Bahnhof ins Quartier Belvedere.
View from the Sonnwendviertel over the station to Quartier Belvedere.

1) In: Tony Judt, Geschichte Europas von 1945 bis zur Gegenwart, Fischer Taschenbuch Verlag, Frankfurt a. M. 2009, S. 16 ff.

Bildung ist heute nicht mehr allein die Summe der Schulfächer. Es ist das Ganze. Im ganztägig geführten Bildungscampus Sonnwendviertel erhalten Kleinkinder und Heranwachsende diese LebensBildung: Wissen und Können, verbunden mit sozialer Kompetenz und Empathie. Das sind die Qualitäten, die auf den flexiblen Arbeitsmärkten von morgen gefragt sein werden. Es sind aber auch die Qualitäten, die eine soziale Gesellschaft benötigt.

Noch dezenter als die Gebäude des Bildungscampus ist eines der Wiener Linien: die U1-Station Südtiroler Platz – Hauptbahnhof Wien mit ihrer neuen, im Dezember 2010 eröffneten Passage. Erwähnenswert? Auf jeden Fall! Vor allem dann, wenn man sich an ihre Vorläuferin erinnert: labyrinthisch, schlecht beleuchtet, mehr Grottenbahn-Atmosphäre als akzeptable Fußverbindung. Die neue, mit Naturlicht und Kunst ausgestaltete Passage verbindet nicht nur komfortabel die Züge der ÖBB mit dem Netz der Wiener Linien bzw. der S-Bahn, sie ist auch ein anschauliches Beispiel dafür, was es heißt, wenn öffentlicher Raum großzügig neu gestaltet wird. Rund 500 Millionen Euro investiert die Stadt Wien für Erschließung und Gestaltung des ehemaligen Schienen-Bermudadreiecks: für Straßenbau, Radwegenetz, Beleuchtung, (Ab-) Wasser und Wohnbau ebenso, wie für den Campus Sonnwendviertel und den sich daran anschließenden sieben Hektar großen Helmut-Zilk-Park. Die zwei bedeutenden Brücken-Neubauten Arsenalsteg und Südbahnhofbrücke und

die Verlängerung der Straßenbahnlinie D bis Höhe Gudrunstraße/Absberggasse komplettieren die Liste der wichtigsten Vorhaben, die in Summe den Qualitätenkatalog des öffentlichen Raums definieren.

Das Sonnwendviertel ist der jüngste Teil Favoritens mit „bewegter" Vergangenheit. 2004, also vor 10 Jahren, gab der Wiener Gemeinderat den Masterplan einstimmig frei. 2009 ging man daran, den in die Jahre gekommenen Charme der Südbahnhof-Nachkriegsmoderne zu beenden. Gleich ob Sonnwendviertel, Quartier Belvedere oder Hauptbahnhof: Spätestens ab Vollbetrieb wird jeder in Wien merken, dass hier in den letzten Jahren mehr geplant und umgesetzt wurde als „nur" ein neues Stadtviertel oder ein Bahnhof. Folgendes Bild kann dabei helfen: Stellt man sich Wien durchzogen von historisch-tektonischen Spannungsfeldern vor, dann ist das Gebiet rund um den Hauptbahnhof ein hochsensibler Spannungspunkt. Das Arsenal (1848), das Obere Belvedere (18. Jahrhundert), der Gürtel (Verteidigungswall und Steuergrenze), im Süden die Konzernzentrale von Wienerberger (Ort der Ziegelproduktion, ohne die Wien im 19. Jahrhundert niemals so rasch hätte wachsen können) und mittendrin der Süd- bzw. Ostbahnhof als Ende und Anfang nicht nur touristischer Abenteuer: Hier im neuen Triptychon Wiens laufen viele historische Stränge zusammen. Mit dem Hauptbahnhof als Durchgangsbahnhof profitiert Wien nicht nur wirtschaftlich oder zeit-räumlich. Mit dem neuen Bahnhof

schlägt Wien auch ein neues Kapitel seiner Stadtgeschichte und Stadt-Orientierung auf. Das Metropolen-Konzept des 19. Jahrhunderts – alle Züge enden in Wien – ist mit der Eintaktung der Donaumetropole ins europäische TEN-Netz ebenso zu Ende wie Wiens Nachkriegsmoderne bis 1989, inklusive der Nachbarschaft zum „Eisernen Vorhang". Der renommierte, eine Zeit lang in Wien forschende Historiker Tony Judt erinnert sich: „Der Abstand zwischen diesen beiden Europas zeigte sich sehr schön in dem Kontrast zwischen dem pulsierenden Westbahnhof, von dem aus Geschäftsleute und Ferienreisende in modernen, sauberen Schnellzügen nach München, Zürich oder Paris fuhren, und dem trostlosen, wenig einladenden Südbahnhof, einem heruntergekommenen, düsteren Treffpunkt armer Ausländer, die hier verdreckten, uralten Zügen aus Budapest oder Belgrad entstiegen."[1] Der umfassende und nachhaltige Urbanitätsimpuls an diesem sensiblen Punkt Wiens wird noch lange zu spüren sein. Direkt in Favoriten, wie auch wienweit. Mit dem neuen Stadtteil-Triptychon beweist Wien, zusammen mit den ÖBB und anderen wichtigen Partnern, dass bedeutende Verkehrsinfrastruktur und smarte Stadtentwicklung erfolgreich möglich sind. Gut so.

Mag. Hans-Christian Heintschel
Hauptbahnhof Wien Kommunikation, Stadt Wien
Hannes Höttl, Autor

QUARTIER BELVEDERE
SONNWENDVIERTEL

The question where the famous heart of Vienna is actually located cannot be answered by referring to a single place. It beats in St. Stephen's Cathedral and in the Wurstelprater funfair, in Hofburg Palace and at the wine tavern, on the Naschmarkt and on the Danube Island. Wherever Vienna is Vienna. For Vienna does not have but ONE heart; the city is a polymorphous organism that relentlessly continues to evolve, and is continuously further developed.

For a few years now, you have been able to hear new heartbeats in Vienna. They're coming from a place, which over the past decades was nothing but a hinterland: the South Station, somewhere over there, behind the Belvedere palace. And right in the thick of it, between train tracks and concrete walls, a gigantic urban no man's land.

Second half of 2014: The aforementioned hinterland has now become an urban district, the city planning triptych of modern Vienna: Main Station / Sonnwendviertel / Quartier Belvedere. The vast building site perspective offered to visitors for years from the bahnorama tower, run by the City of Vienna and the Austrian Federal Railways, has become noticeably smaller. Naturally, construction will still continue in the coming years – the Erste Bank headquarters still awaits occupants, the current dirt pit of the to-be Quartier Belvedere Central

remains to be tackled – nevertheless, the main features of the new district are already quite tangible.

Successful urban development is traditionally a Viennese specialist discipline – and an important reason why Vienna has been considered one of the most liveable cities in the world for years. Urban development, however, is only an umbrella term for a finely coordinated bundle of measures and a sophisticated organisation with numerous interlocking cogwheels. Social housing, for example, a central element in Vienna's urban development policy, is based on the four pillars of architecture, ecology, economy, and social sustainability. Alone the criteria for social sustainability comprise 26 individual points. A city is complex, urban development very complex.

Amongst the wealth of buildings in the Sonnwendviertel neighbourhood, the lowest of them all tower especially high in their importance for Vienna. They are the buildings of the Sonnwendviertel Educational Campus, an architectural manifestation of modern education. For a long time the nineteenth-century formula of Habsburgian military academies was applied to school buildings: 60x1+2x1.5=9x7=1. 60 students times one square meter plus one-and-a-half square meters each for the oven and teacher equals a nine-by-seven-metre room,

15.12.2013

Der Erste Campus im Quartier Belvedere.
The Erste Campus in Quartier Belvedere.

1) Tony Judt, Postwar: A History of Europe Since 1945 (New York: Penguin Press, 2005), 2.

which equals a classroom. That's it. The new bungalow-like campus for approximately 1,100 children and young people, in contrast, is not based on this formula but rather on an apparently simple concept: to encourage communication.

Today, education is not just the sum of the subjects. It is the whole. In the full-day school at the Sonnwendviertel Educational Campus small children and adolescents get life education: knowledge and skills connected with social competence and empathy. These are the qualities that will be called for in the flexible labour markets of tomorrow. But they are also qualities a social society requires.

Even more discreet than the campus is a construction for Wiener Linien: the U1 underground station Südtiroler Platz – Vienna Main Station with its new passageway, which opened in December 2010. Worth mentioning? Absolutely! Especially when one thinks of its precursor: labyrinthine, badly lit, more a tunnel-of-horrors atmosphere than an acceptable foot connection. The new, naturally-lit passageway decorated with art not only comfortably connects the ÖBB trains with the Wiener Linien public transport and S-Bahn rapid transit networks, it is also exemplary for what it means to generously redesign public space.

The City of Vienna invested roughly 500 million Euros into the development and design of the former railway Bermuda Triangle: for laying streets, bicycle paths, lighting, water and drainage, for housing, and for the Sonnwendviertel campus as well

as the adjacent seven-hectare Helmut Zilk Park. The two vital new bridges Arsenalsteg and the South Station Bridge along with the extension of tram line D to Gudrunstraße/Absberggasse complete the list of the most significant projects, which together define the high quality standard of public space.

The Sonnwendviertel neighbourhood is the youngest part of the Favoriten district with a "turbulent" past. In 2004 the Vienna City Council unanimously approved the masterplan. In 2009 activities commenced to dismiss the dated charm of the post-war modernist South Station. Whether Sonnwendviertel, Quartier Belvedere, or Main Station: When fully operational, everyone in Vienna will recognise that more has been planned and realised here in the last few years than "just" a new urban district and a railway station.

The following image can help: If you imagine Vienna traversed by historical-tectonic fields of tension, then the area around Vienna Main Station is a highly sensitive stress point. The Arsenal (1848), the Upper Belvedere palace (eighteenth century), the Gürtel ring road (defensive wall and taxation border), to the south the headquarters of Wienerberger (a brick production site without which Vienna could never have grown so fast in the nineteenth century), and smack dab in the middle the South and East Station as the beginning and end of not only touristic adventures. Here, in the new Viennese triptych, many historical strands weave together. With the Main Station as a through station, Vienna not only profits

economically or temporo-spatially: Vienna opens a new chapter in its city history and city orientation. The insertion of the Danube metropolis into the European TEN Network means the end of the metropolitan concept of the nineteenth century – all trains end in Vienna – and likewise of Vienna's post-war modernist legacy till 1989, including its vicinity to the Iron Curtain. The renowned historian Tony Judt, who researched in Vienna for a while, recounts: "The distance separating the two [Europes] was nicely encapsulated in the contrast between Vienna's thrusting, energetic Westbahnhof, whence businessmen and vacationers boarded sleek modern expresses for Munich or Zurich or Paris; and the city's grim, uninviting Südbahnhof: a shabby, dingy, faintly menacing hangout of penurious foreigners descending filthy old trains from Budapest or Belgrade."[1]

The comprehensive and sustainable urbanity impulse at this sensitive point of Vienna will still be felt for a long time. In the Favoriten district and in all parts of Vienna as well. With the new urban triptych, Vienna, together with the Austrian Federal Railways and other important partners, proves that significant transportation infrastructure and smart urban development can be a success. Rightly so.

Hans-Christian Heintschel
PR, Vienna Main Station, City of Vienna
Hannes Höttl, author

ARCHITEKTUR

Wie können zwei Kopfbahnhöfe zu einem Durchgangsbahnhof werden? Was macht diesen zur Landmarke? Wie fügt er sich in den rundum entstehenden Stadtteil ein und wie gestaltet sich das Verhältnis zur bestehenden Stadt? Wie sind die vielfältigen städtebaulichen, logistischen, technischen und auch kommerziellen Anforderungen an einen neuen Hauptverkehrsknoten möglichst gedeihlich zu vereinen? Jahrzehntelang haben diese Fragen die Bauherren und Planer von Österreichs wichtigster Verkehrsstation beschäftigt. Ehe sie hinreichend beantwortet waren, ging dem nun fertigen Hauptbahnhof Wien und dem ihn umgebenden neuen Stadtteil ein längerer Prozess der Projektfindung voran.

Im 1994 ausgelobten Expertenverfahren ging man von einem unterirdischen viergleisigen Durchgangsbahnhof für die S-Bahn und einem darüber liegenden sechsgleisigen Fernbahnhof aus. Der Beitrag des Zürcher Architektenbüros Theo Hotz AG wurde damals als der geeignetste gewertet. Nachfolgende Bearbeitungen führten zu anderen bahnlogistischen, aber auch städtebaulichen Rahmenbedingungen, als sie im Expertenverfahren formuliert waren. Und sie führten neun Jahre später neuerlich zur Auslobung eines internationalen, geladenen, nicht anonymen zweistufigen Verfahrens mit dem Titel „Masterplan Stadtteil Wien Südbahnhof", mit dem Ziel, ein städtebauliches Leitbild für das Areal des Südbahnhofes zu entwickeln. Aus zehn geladenen Architekturbüros wählte die Jury unter Vorsitz von Kunibert Wachten schließlich die Projekte des Zürcher-Wiener Teams Theo Hotz/Ernst Hoffmann sowie jenes von Albert Wimmer zur Zusammenführung und Weiterbearbeitung aus. Der daraus entstandene „Masterplan – Bahnhof Wien Europa Mitte" wurde im Dezember 2004 im Wiener Gemeinderat beschlossen. Weitere zehn Jahre später sind nun die Bezeichnungen von damals Geschichte. Der Hauptbahnhof Wien ist fertig und hat längst auch im alltäglichen Sprachgebrauch den Südbahnhof abgelöst. Die ersten Teile des recht dicht konzipierten, neuen Stadtteils – das Quartier Belvedere auf dem Platz des ehemaligen Südbahnhofs und das Sonnwendviertel auf dem Gelände des früheren Frachtenbahnhofs, wo um den vom Zürcher Landschaftsarchitekten Guido Hager gestalteten Helmut-Zilk-Park rund 5.500 Wohnungen errichtet werden – sind fertiggestellt.

Neben dem Bahnhof selbst, der als Bindeglied zwischen den bislang getrennten Bezirken dies- und jenseits des Gürtels dient, sorgen etliche neue Architekturen für Furore und jedenfalls für eine Änderung des Charakters dieses Teiles der Stadt, der bislang von der Bahninfrastruktur okkupiert war. Der Bezirk Favoriten entstand mit der Eisenbahn und lebte lange von ihr, ehe die Beziehung zwischen Eisenbahn und Stadt im Laufe des 20. Jahrhunderts immer schwächer wurde. Der Bahnhofsneubau und die damit einhergehende Stadtentwicklung bieten Chancen, auch der bestehenden Nachbarschaft neue Identität zu verleihen. Architektonische Highlights wie der Erste Campus von Henke-Schreieck mit dem von Auböck & Kárász gestalteten öffentlichen Park oder der Bildungscampus von PPAG, der in Wien in Sachen zeitgemäße Schularchitektur neue Wege beschreitet, haben eine über das engere Quartier hinausgehende Strahlkraft.

Für die Gesamtplanung des Bahninfrastrukturprojektes zeichnet die interdisziplinär zusammengesetzte Ingenieur-Arbeitsgemeinschaft „Wiener Team", geleitet von Werner Consult, verantwortlich. Unter diesem Planungsverband realisierten Theo Hotz / Ernst Hoffmann und Albert Wimmer die architektonische Umsetzung der Verkehrsstation. Das Büro Zechner & Zechner – von dem auch das Hochhaus für die neue ÖBB-Konzernzentrale stammt – übernahm die architektonische Begleitplanung der anschließenden Streckenabschnitte und des High-Tech-Stützpunktes Matzleinsdorf.

Von der Fußgänger- und Straßenebene entflochten, liegt das eigentliche Verkehrsbauwerk als 500 Meter langes Brückentragwerk in sieben Metern Höhe. Das rhythmisch strukturierte Fachwerk der Überdachung – selbst ein Meisterwerk der Ingenieursbaukunst – steht quasi symbolisch für das enge und frühzeitige Zusammenarbeiten von Architekten, Ingenieuren und Konstrukteuren. Es überspannt fünf Inselbahnsteige mit zehn Bahnsteigkanten sowie zwei Gleise für den Durchzugsverkehr. Im Wettbewerb, der noch keine gestalterischen Details abverlangte, konzipierten es Hotz und Hoffmann als dynamische Bandstruktur. Im Zuge der Ausarbeitung verfeinerten Architekten und Konstrukteure den Entwurf zu einer raffinierten kristallinen Struktur. Sie setzt sich aus vierzehn Dachrauten und fünf Einzeldächern zusammen, die sich in einer gegenläufigen Wellenbewegung über die Bahnsteige erstrecken. Jedes der 76 Meter langen Rautensegmente besteht aus einem räumlichen Fachwerk, in dessen Zentrum sich ein rhombusförmiges Oberlicht öffnet, aus dem sich dynamisch facettierte Zwillingsstützenpaare nach unten spreizen. Die durch das Gegeneinander-Verschieben der Dachbahnen entstehenden, seitlichen Öffnungen sind mit einer Fassade aus dreieckigen Glasschuppen geschlossen, die sich zur Entrauchung öffnen lassen. So extravagant und einzigartig sich das Bahnhofsdach auch präsentiert, so wurde bei seiner Materialisierung doch Wert darauf gelegt, dass es mit der gestalterischen Welt der Österreichischen Bundesbahnen in Einklang steht. So fand zum Beispiel die auch sonst verwendete Aluminiumverbundplatte Anwendung, die zwecks edlerer Anmutung mit gröberen Metallsplittern beschichtet wurde. Der Aufgabe des Durchgangsbahnhofes gerecht werdend, zeichnet das Dach die Bewegung der Züge nach. Es spannt sich mit seinen Auf- und Abwärtsbewegungen von Osten nach Westen auf, wobei der städtebauliche Schwerpunkt beim Südtiroler Platz und nicht in der Mitte des Bahnhofes liegt. Hier liegt zu ebener Erde auch der prominente Auftakt mit dem nördlichen Vorplatz entlang des Gürtels, der ebenso wie der südseitige Vorplatz direkt in die tageslichtdurchflutete Bahnhofshalle mit dem Bahnreisezentrum führt. Am Boden und teils auch an den Wänden mit grünlichem Osttiroler Stein (Dorfergrün und Tauerngrün) ausgekleidet, erhält sie eine Wertigkeit, die an Orten des öffentlichen Verkehrs selten zu finden ist. Glasfelder im Boden bringen Licht in die Tiefe, wo sich im ersten Untergeschoss, gleichsam auf dem Weg von S- und U-Bahn zum Bahnhof, den die meisten Passagiere nehmen, die Shoppingmall des Bahnhofs erstreckt.

Längst sind kommerziell genutzte Flächen bei Bahnhöfen wie Supermärkte, Geschäfte, Läden, Restaurants nicht mehr allein auf den Bedarf der Reisenden ausgelegt, sondern nehmen – wie sich international an vielen großen, neuen Bahnhöfen zeigt – aus immobilienwirtschaftlichen Überlegungen gegenüber der eigentlichen Verkehrsstation überhand. Durch die Hochlage der Bahnsteige und die Ausbildung des charakteristischen, eindeutig als Verkehrsbauwerk identifizierbaren Daches konnte dieser Effekt am Hauptbahnhof Wien verhindert werden. Städtebaulich prioritär blieb der Mobilitätsknoten.

Franziska Leeb, Architekturpublizistin

02.07.2013 Am südlichen Ende des skulpturalen Bahnsteigdaches. | At the southern end of the sculptural roof.

ARCHITECTURE

How do two railhead stations become a through station? What makes it a landmark? How does it fit in with the urban area growing around it, and what is the relationship with the existing city? How can diverse urban planning, logistical, technical, and also commercial requirements be effectively consolidated at a new central transportation hub? For decades these questions preoccupied the planners and builders of Austria's most important railway station. In order to adequately answer these questions, a longer project identification phase preceded the now completed Vienna Main Station and the surrounding new urban district.

In the 1994 competition with invited experts the working premise was an underground four-track through station for the rapid transit railway with a six-track long-distance railway station above. At the time the proposal by the Zurich-based architecture office Theo Hotz AG was seen as the best solution. However, subsequent elaborations led to other railway logistical and urban planning requirements than those formulated in the competition. And nine years later these once again led to the tendering of an invited, non-anonymous, two-stage international competition under the title "Masterplan Vienna South Station District" with the aim of generat-

ing an urban planning model for the South Station terrain. From the ten invited architecture offices the jury chaired by Kunibert Wachten ultimately selected the projects by the Zurich-Vienna team Theo Hotz / Ernst Hoffmann and by Albert Wimmer to be consolidated and further developed. The resulting masterplan "Vienna Central Train Station – Centre of Europe" was adopted by Vienna City Council in December 2004. Now, another ten years later, the terminologies from then are history. Vienna Main Station is finished and has long since ousted the South Station in everyday conversation as well. The first parts of the relatively dense new urban district – Quartier Belvedere on the site of the former South Station and the Sonnwendviertel neighbourhood on the terrain of the old freight station yards, where approximately 5,500 apartments are built around the Helmut Zilk Park, designed by Zurich-based landscape architect Guido Hager – are also complete.

Besides the railway station itself, which serves as a bridge between the long separated districts on either side of the Gürtel ring road, a number of new architectures are causing a stir and definitely transforming the character of this part of the city, which has been occupied by railway infrastructure

15.10.2012
Rautendach und Vordach Süd.
Diamond-shaped roof and the southern canopy.

for decades. The Favoriten district evolved with the railway and prospered from it for a long time before the relationship between the railway and the city increasingly diminished over the course of the twentieth century. The new railway station and the accompanying urban development create opportunities to infuse the existing neighbourhoods with new identity as well. Architectural highlights – like the Erste Bank Campus by Henke Schreieck with the public park designed by Auböck & Kárász or the educational campus by PPAG, which is blazing new trails in contemporary school architecture in Vienna – have an enticing radiance that reaches beyond their immediate vicinity.

The interdisciplinary engineering working group "Vienna Team", headed by Werner Consult, is responsible for the overall planning of the railway infrastructure project. Under this planning association, Theo Hotz / Ernst Hoffmann and Albert Wimmer realised the architectural design of the station. The office Zechner & Zechner – also the authors of the new high-rise for ÖBB's corporate headquarters – took over the supplementary architectural planning for the adjacent track sections and the Vienna Matzleinsdorf High-Tech Headquarters.

The actual transportation hub is built as a 500-metre-long bridge structure, disentangled from the pedestrian and street level seven metres below. The rhythmically structured roof framework – itself a masterpiece of engineering – is virtu-

ally symbolic for the close and early cooperation between architects, engineers, and builders. It spans over five double-sided island platforms for ten tracks and two tracks for transit traffic. In the competition phase, where design details were not yet called for, Hotz and Hoffmann conceived the roof as a dynamic ribbon structure. In the course of more detailed planning, the architects and engineers refined the design into a sophisticated crystalline structure. It consists of 14 diamond-shaped roof segments and five individual roof elements, which stretch along the platforms in offset wave-like patterns. Each of the 76-metre-long diamond segments consists of a space frame pierced by a rhombus-shaped skylight in the centre with dynamically faceted twin columns thrusting downward. The staggered juxtaposition of the roof elements creates triangular openings on the sides, which are enclosed with façades of glass louvers that can be opened for ventilation and smoke extraction if needed. With the extravagant and unique appearance of the station roof, attention was paid to its materiality so that it is consistent with the aesthetics of the Austrian Federal Railways. For example, the familiar aluminium composite sheets were employed, but here they are finished with rough metal splinters for a more elegant impression.

The roof interprets the movement of the trains, reflecting the purpose of a through station. Its spans from east to west with

its upward and downward fluctuation; however, the urban focal point is situated towards Südtiroler Platz and not in the centre of the station. Here at ground level one finds the prominent threshold with the northern forecourt along the Gürtel, which like its counterpart on the south side leads directly into the daylight flooded station hall with the travel centre. The floors and parts of the walls are clad with green East Tyrolean stone (Dorfergrün slate and Tauerngrün serpentine marble), attaining a quality that is rare in places of public transportation. Glass panels in the floor bring light to the inner depths, to the first sublevel – the pathway between the underground rapid transit and metro station and the main station frequented by most passengers – where the bustling station shopping mall is located.

Commercially used premises like supermarkets, shops, and restaurants are long since not just oriented towards the needs of travellers, rather they overly pervade the actual station out of real estate property interests – as can be seen in many new major railway stations around the world. But the elevated platforms and the distinct design of the roof, which lucidly identify it as a transportation building, could prevent this effect at Vienna Main Station. The mobility hub clearly remained the priority of the urban planning concept.

Franziska Leeb, architecture publicist

PROJEKTLEITUNG

Bauherrin des Eisenbahnprojektes Hauptbahnhof Wien ist die ÖBB-Infrastruktur AG. Die ÖBB-Infrastruktur hat entschieden, alle zentralen Koordinations- und Steuerungsaufgaben im Rahmen des Großprojekts selbst wahrzunehmen.

Sie führte das Bauvorhaben durch vier Phasen: Konzeption, Planung, Ausführung und Inbetriebnahme. Im Jahr 2005 wurde ich zur Leiterin des Bahninfrastrukturprojektes ernannt. Es galt, die Bemühungen von ÖBB-Fachabteilungen mit denen von Behörden, externen Planern, Baufirmen und Nutzern zu verbinden. Das von mir geleitete Team bestand zuletzt aus 29 Mitarbeiterinnen und Mitarbeitern. Karl-Johann Hartig führte die übergeordnete Gesamtprojektleitung für strategische Planung, Öffentlichkeitsarbeit und Koordination mit unseren Projektpartnern. 2014 haben wir den überwiegenden Teil des Hauptbahnhof Wien erfolgreich in Betrieb genommen.

Konzeption | Am Beginn der Konzeptionsphase stand eine Skizze, die den Flächenbedarf der Bahninfrastruktur für den städtebaulichen Wettbewerb vorgab. Die Anzahl der Gleise und Bahnsteige war grob festgelegt. Die Skizze definierte einen Durchgangsbahnhof, der die Südbahn mit der Ostbahn verband und so den Richtungsverkehr und günstige Umsteigerelationen ermöglichte. Die Südbahn gab die Hochlage des Bahnhofs vor und bot Platz für eine Verteilerhalle unter den Bahnsteigen. Bereits in dieser frühen Phase wurden externe Planer miteinbezogen. Das „Wiener Team", eine Arbeitsgemeinschaft aus Wiener Ingenieur-Konsulenten, erhielt bereits Anfang 2006 den Zuschlag für die „integrierte Gesamtplanung" des Hauptbahnhof Wien. Ende 2006 gaben die Vorstände des ÖBB-Konzerns die Konzeption des Eisenbahnprojekts und damit die wesentlichen Projektparameter frei. Diese Konzeption enthielt die Funktionsanforderungen für das Projektgebiet wie Bahnhofshallen, Bahnsteige, Bahnsteigerschließung, durchgehende Hauptgleise, Weichen, Über- und Unterwerfung, Über- und Unterführungen für den Straßen- und Fußgängerverkehr, Abstellgleise, Auto-Reisezug-Verladeanlage, WC-Entsorgungsanlagen, Bremsprobeanlagen, Catering-Küche, Reparatur-Werkstätte und vieles mehr. Andere Funktionen wurden ausgeschlossen wie die Verladung von Gütern oder die Zusammenstellung von Güterzügen. Neben der eigentlichen Projektentwicklung nahmen wir die Anliegen der Anrainer besonders ernst. Daher veranstalteten wir von Anfang an Informationsabende und Ausstellungen in den angrenzenden Bezirken. Wir betrachten diese frühe aktive Kommunikation als Schlüssel für die hohe Akzeptanz des Projektes unter den Anrainern.

Planung | In der Planungsphase brachten die Fachabteilungen der ÖBB technische Standards des Konzerns ein. Diese reichten von Gleisbau- und Betriebsvorgaben bis zu Instandhaltungs- und Life-Cycle-Strategien. Weiters stellten die Fachabteilungen ihr Know-how als Rückhalt zur Verfügung. Die Projektleitung fand sich durchaus unerwarteten Herausforderungen gegenüber wie dem Erhalt des freien Blicks auf den Friedhof Matzleinsdorf und des Lebensraums von Felsennelken und Fledermauskolonien. In einer nur zwölfmonatigen Planungsphase waren alle Genehmigungsplanungen einschließlich Umweltverträglichkeitsprüfungen fertigzustellen. Die Aufgabe der Projektleitung war es hier, neben der Termin- und Kostenkontrolle, die Gesamtverantwortung für den Planungsprozess zu tragen, zum richtigen Zeitpunkt die richtigen Experten beizuziehen und die vielen, oft unterschiedlichen Meinungen, Anforderungen und Betrachtungsweisen zu klaren Entscheidungen zusammenzuführen.

Die Einreichung nach Umweltverträglichkeitsprüfungsgesetz (UVP-G) und dem neuen Eisenbahngesetz von 2006 wurde in nur einem Verfahrensschritt absolviert. Die Stadt Wien und die ÖBB-Immobilienmanagement GmbH reichten nach dem UVP-G für das Städtebauprojekt und das Straßenprojekt ein. Das Genehmigungsverfahren selbst nahm etwa neun Monate in Anspruch, in denen wir bereits die Ausführungsplanung vorbereiteten. Dadurch konnten schon wenige Monate nach Genehmigung die ersten Gewerke mit ihrer Arbeit beginnen. Zu dieser Zeit waren angrenzende Baustellen bereits in Betrieb wie der Umbau der Schnellbahnstation Südtiroler Platz und der Neubau des High-Tech-Stützpunktes Matzleinsdorf.

Ausführung | Die Abwicklung der Vergabeverfahren war an Spannung und Dramatik kaum zu überbieten. Darauf folgend bestand unsere Rolle darin, zeit- und kostengerecht ausführbare Pläne an die Baustelle zu liefern. Die Kommunikation mit den ausführenden Firmen und der örtlichen Bauaufsicht stand im Vordergrund. Hier wurde die Koordination der Vielzahl von simultan Ausführenden auf engstem Raum unter Zeitdruck zu einer Herausforderung, die durch Baustellen auf Nachbargrundstücken noch erhöht wurde. In der Phase des Gleisbaues und der Gleisausrüstungsarbeiten waren die Bauabteilungen der ÖBB-Infrastruktur auch ausführend tätig. Es war der hohen Motivation aller Beteiligten zu verdanken, dass das Projekt zu einem erfolgreichen Abschluss kommen konnte. Bei allen war die Faszination zu spüren, Teil des Jahrhundertprojektes Hauptbahnhof Wien zu sein.

Inbetriebnahme | Der Druck, termingerecht zu eröffnen, liegt bei einem Bahnhof wegen der Koppelung an den internationalen Fahrplanwechsel besonders hoch. Für den erfolgreichen Start haben wir die Betreiber und Nutzer möglichst früh in den Planungsprozess einbezogen. Am 09.12.2012 nahmen im Hauptbahnhof Wien drei Bahnsteige und ein Teil der Verteilerhalle den Betrieb auf, während im Bereich der nördlichen Bahnsteige noch Fundierungsarbeiten durchgeführt wurden. Diese Teilinbetriebnahme erschwerte vor allem in der Anlage Süd die Baustellenerschließung.

Die Bahnhofshallen und das Einkaufszentrum eröffneten im Oktober 2014, was aufgrund der Vielzahl an Pächtern eine komplexe Aufgabe darstellte. Die Inbetriebnahme der restlichen Bahnsteige ist für den 14.12.2014 geplant und wird nach erfolgreich absolvierten Prüfverfahren reibungslos stattfinden.

Resümee | Die Projektleitung Hauptbahnhof Wien ist sicherlich eine einmalige Herausforderung, die zu Beginn, im Jahr 2005, in ihrer konkreten Form nicht abschätzbar war. Die Arbeit an den vielfältigen Fragestellungen, insbesondere aber die Arbeit mit so vielen verschiedenen Menschen machte das Projekt einzigartig. Rückblickend waren die subjektiven Perspektiven, die persönlichen Wünsche und Ängste und die höchst unterschiedlichen Vorstellungen von Bearbeitungsschritten der Schlüssel zur Lösung von – vordergründig – rein technischen oder rechtlichen Problemen.

Tragfähige Entscheidungen herbeizuführen, die meist eher konsensfähige Kompromisse als die Findung der einzig richtigen Lösung waren, ist zu meiner Hauptaufgabe geworden. Die für mich wichtigste Erkenntnis aus meiner Zeit als Projektleiterin ist: Projektmanagement ist Arbeit mit Menschen und Menschen sind nicht-triviale Wesen.

DI Judith Engel MBA, MSc
Projektleitung Hauptbahnhof Wien, ÖBB-Infrastruktur AG

16.09.2013 Schnellbahngarnitur mit Hauptbahnhof Wien-Branding. | Rapid transit train with Vienna Main Station branding.

PROJECT MANAGEMENT

The client in the Vienna Main Station railway project is ÖBB-Infrastruktur AG. ÖBB-Infrastruktur assumed responsibility for all central coordination and managerial tasks in the framework of the megaproject. It guided the construction project through four phases: concept, planning, construction, and initial operations. In 2005 I was appointed the head of the railway infrastructure project. The objective was to connect the endeavours of ÖBB specialist departments with those of the public authorities, external planners, construction companies, and the users. The team under my guidance consisted of 29 employees in the end. Karl-Johann Hartig was the head of the greater general project management for strategic planning, publicity, and coordination with our project partners. In 2014 we successfully commenced operations in a major part of Vienna Main Station.

Concept | At the beginning of the concept phase was a sketch, which stipulated the required surface area for railway infrastructure for the urban planning competition. The number of tracks and platforms were approximate. The sketch defined a through station connecting the southern railway with the eastern railway, thus facilitating unidirectional traffic and favourable relationships for changing trains. The southern railway dictated the elevation of the station and thereby provided space for a circulation hall underneath the railway platforms. External planners were already involved in this early phase. The "Vienna Team", a working group of Viennese engineering consultants, had been awarded the contract for the "integrated overall planning" of Vienna Main Station in early 2006. At the end of 2006 ÖBB corporate board members approved the concept for the railway project and therewith essential project parameters. This concept contained the functional requirements for the project area such as station halls, platforms, platform access points, continuous main tracks, switches, railway over and underpasses, over and underpasses for street and pedestrian traffic, storage sidings, the car on train loading facility, WC waste disposal systems, break testing facilities, catering kitchens, repair workshops, and much more. Other functions were excluded, such as the loading of freight or the composition of freight trains. Parallel to the actual project development, we took the concerns of the immediate inhabitants very seriously. Thus, we organised information evenings and exhibitions in the neighbouring districts from the beginning on. We see this early active communication as a key to the high level of acceptance amongst the neighbours.

Planning | In the planning phase the ÖBB specialist departments contributed the technical standards of the corporation. These ranged from railway construction and operational requirements to maintenance and life-cycle strategies. Furthermore, the specialist departments offered their know-how as backing. The project management team was confronted with quite unexpected challenges, for instance preserving the open view to Matzleinsdorf cemetery and the habitat of woodland pink flowers and bat colonies. All approval plans including environmental impact assessments needed to be completed in a mere twelve-month planning phase.

The task for project management in this case, in addition to schedule and cost controls, was to assume complete responsibility for the planning process, to involve the right experts at the right time, and to bring the many different opinions, requirements, and points of view to clear decisions. The application in accordance with the Environmental Impact Assessment Act (UVP-G) and the Railway Act 2006 was completed in just one procedural step. The City of Vienna and ÖBB-Immobilienmanagement GmbH submitted the plan in accordance with the UVP-G for urban planning and street construction projects. The approval procedure took about nine months, a time in which we already prepared construction plans. Hence, only a few months after the approval the first trades could begin with their work. At this time neighbouring construction sites were already underway, such as the conversion of the Südtiroler Platz rapid transit station and the construction of the new Matzleinsdorf High-Tech Headquarters.

Construction | The tension and drama in the process of awarding the contracts was hard to top. Our subsequent role was to deliver executable plans to the construction site on schedule and within budget. Communication with the contracted companies and On-Site Construction Supervision was central. Coordinating the numerous simultaneous construction operations in a compact space and under time pressure was a challenge, which was further intensified by building sites on neighbouring plots. In the construction phase of the track and railway equipment also the construction departments of ÖBB-Infrastruktur were active on site. Thanks to the high motivation of all those involved, the project could be successfully completed. Everywhere one could sense a fascination of being part of the once-in-a-lifetime project Vienna Main Station.

Operations | The pressure to open on time is particularly high with a train station because of the coupling with international timetable changes. To achieve a successful start we involved the operators and users in the planning process at an early stage. On December 9, 2012 operations commenced at Vienna Main Station on three platforms and in a part of the circulation hall, while foundation work was still being conducted in the area of the northern platforms. These partial initial operations complicated access to the building site, above all in the southern railyards.

The station halls and the shopping centre opened in October 2014, a complex task given the vast number of tenants. December 14, 2014 marks the date for initial operations on the remaining platforms, which will run smoothly following test procedures.

Summary | The Vienna Main Station project management was surely a one-of-a-kind challenge, which at the beginning, in 2005, was inestimable in its concrete form. The work on the diverse range of issues but also working together with so many different people, in particular, made this project unique. Looking back, the subjective perspectives, the personal desires and fears, and the very different imaginations of work processes were the key to solving – seemingly – purely technical or legal problems.

Arriving at sound decisions, which were more often consensual compromises than finding the one and only right solution, has become my main job. For me, the most important realisation in my time as project manager is: Project management is work with people, and people are not trivial beings.

Judith Engel
Vienna Main Station Project Management, ÖBB-Infrastruktur AG

Verantwortliche im Hauptbahnhof Wien Projekt:
Persons in charge of the Vienna Main Station project:

ÖBB-Infrastruktur AG:

Projektleitung
Project Management
DI Judith Engel MBA MSc, seit 2005 | since 2005
DI Heinz Gschnitzer 2009–2012 (Verkehrsstation)
(railway station)

Gesamtprojektleitung
General Project Management
DI Arnold Schiefer 2005–2006
DI Georg Gabler 2006–2007
Dr. Karl-Johann Hartig 2007–2014

ÖBB-Immobilienmanagement GesmbH:

Gesamtprojektleitung Immobilienprojekt
General Project Manager Real Estate Project
DI Norbert Steiner 1999–2009
DI Robert Buchner 2009–2013
BM Ing. Andreas Kallischek seit 2013 | since 2013

Stadt Wien, Stadtbaudirektion:
City of Vienna, Executive Office for Urban Planning:

DI Brigitte Jilka MBA, Stadtbaudirektorin
Director General of Urban Planning

Projektkoordination „Stadtteil Wien-Südbahnhof"
"Vienna South Station District" Project Coordinator
Ing. Franz Groll 2005–2009

Projektleitung
Project Management
DI Eduard Winter 2009–2011
DI Hermann Papouschek 2011–2013
DI Robert Nowak seit 2014 | since 2014

30.06.2012 Die Gleisanlage Ost im Vorfeld der Verkehrsstation. | The eastern railyards in front of the station.

GESAMTPLANUNG

2005 haben die ÖBB die Planung des Wiener Hauptbahnhofes EU-weit ausgeschrieben. Gesucht wurde ein „Gesamtplaner" aus dem Fach Eisenbahnbau, der mit seinem Team sämtliche Agenden der Eisenbahn-, Architektur-, Tragwerks-, Haustechnik- und Umweltplanungen abdecken konnte. Zur Bewerbung haben sich fünf Wiener Ingenieurbüros, Werner Consult ZT GmbH, ISP Ziviltechniker GmbH, Stoik & Partner ZT GmbH, Tecton Consult Engineering ZT GmbH und DI Wilfried Pistecky ZT KWW, zu einer Bietergemeinschaft zusammengeschlossen. Schon in dieser frühen Phase wurde ein Team von Subunternehmern für die Bereiche Architektur und Hochbau, die Architekten Hotz/Hoffmann · Wimmer für die Verkehrsstation sowie Zechner & Zechner für das Hightech Center Matzleinsdorf und für die Gebäudetechnik E + P und ZFG involviert. Das Planungsteam unter meiner Leitung hat sich lokalpatriotisch „Wiener Team" genannt und sich dem Wettbewerb mit internationalen Konkurrenten um das Großprojekt gestellt. Tatsächlich ist eine Reihe von Interessenmeldungen von Planern aus ganz Europa, teils mit und teils ohne österreichischen Partner, eingegangen. In der Ausschreibung war die Qualität mit 70 Prozent gewichtet und der Preis mit 30 Prozent. Aufgrund der hohen Qualität, die sich in unseren schriftlichen Unterlagen und dem nachfolgenden Hearing manifestierte, bekam das „Wiener Team" schließlich den Zuschlag.

In der Konzeptionsphase ging es darum, die Gleisanlage nach den variablen Vorgaben des Bauherrn festzulegen. Der Übergang von zwei Kopfbahnhöfen zum neuen Durchgangsbahnhof brachte ein völlig neues Gleisprojekt mit sich. Es situierte den Bahnhof möglichst nahe am Südtiroler Platz und die dort querende U-Bahnlinie 1, um eine optimale Verknüpfung mit dem städtischen öffentlichen Verkehr zu erzielen.
Im Zuge der Planung wurde im Jahr 2006 eine Neukonzeption der Verkehrsstation erarbeitet. Ursprünglich war eine zweigeschossige Anlage geplant. Im Laufe der Vertiefung wurde jedoch ein fünfgeschossiger Bahnhof mit Handels- und Dienstleistungszentrum sowie Tiefgarage entwickelt. Nach der Projektentwicklungsphase wurde die Umweltverträglichkeitserklärung für den Hauptteil des Projektes erstellt und beim Bundesministerium für Verkehr, Innovation und Technologie eingereicht. Hier mussten in zwei parallelen Verfahren

die technischen Aspekte nach dem Eisenbahngesetz und die Umweltverträglichkeit nach dem Umweltverträglichkeitsprüfungsgesetz abgewickelt werden. Insgesamt waren 20 Fachplaner und 15 Gutachter für das §31a-Verfahren und 30 Gutachter für die Umweltverträglichkeitsprüfung notwendig. Das Prüfverfahren dauerte von November 2007 bis September 2008. Dank der guten Vorbereitung konnte die Genehmigungszeit sehr kurz gehalten werden. Die eingereichten Unterlagen bildeten einen Stapel von 5,80 Meter Höhe mit einem Gewicht von 214,6 Kilogramm je Parie. Das Projekt bestand das Prüfverfahren problemlos, war doch schon in den Einreichunterlagen eine Reihe von Anrainer- und Umweltschutzmaßnahmen vorgesehen wie die Wiederverwertung von Abbruch- und Aushubmaterial vor Ort oder die Errichtung von acht Kilometer Lärmschutzwänden und der Einbau von 14.000 Stück Schallschutzfenstern.

Baulich galt es den Höhenunterschied von ca. 4,50 Metern zwischen Süd- und Ostbahn zu überwinden. Das Niveau der Laxenburger Straße legte dabei zusammen mit der darunter liegenden U-Bahn einen zwingenden Höhenpunkt fest: Aus der lichten Durchfahrtshöhe für Straße und Busbahnhof und der Bauhöhe der neu zu schaffenden Brücke ergab sich die Höhenlage der künftigen Eisenbahnanlage im Bahnhofsbereich. Diese bestimmte auch die Geschosshöhen des Aufnahmegebäudes mit den zwei Ebenen für das Handels- und Dienstleistungszentrum, das zum großen Teil unter den Bahnsteigen angeordnet wurde. Die Höhenvorgabe erforderte minimierte Bauhöhen von Tragstrukturen, um die geforderten Raumhöhen in der Verteilerhalle zu ermöglichen. Der Umstand, dass die Eisenbahn quasi im 5. Stock über das Aufnahmegebäude mit dem Handels- und Dienstleitungszentrum fährt, brachte die Herausforderung mit sich, die horizontalen Brems- und Fliehkräfte der im Bogen bremsenden Züge vom Gleis in die Fundamente abzutragen. Sonderkonstruktionen waren hier auch im Bereich der Bewegungsfugen des Bauwerkes notwendig. Das Bahnsteigdach aus Stahl steht auf den Bahnsteig- und Gleistragwerken aus Ortbeton. Der differierende Stützenraster und die unterschiedlichen Bewegungen dieser zwei konstruktiven Ebenen waren auszugleichen. Besondere Aufmerksamkeit schenkte das „Wiener Team" der

architektonischen Gestaltung des Wiener Hauptbahnhofes, wobei das Rautendach hervorsticht. Die bautechnische Umsetzung des geometrisch komplexen Daches war mit einem enormen Aufwand an Planung und Konstruktion verbunden. Inzwischen ist es zu einem Wahrzeichen des modernen Wien geworden.

Ein zentrales Anliegen der ÖBB war es, den Hauptbahnhof mit hoher Qualität für die Benutzer auszustatten. Dazu gehören auch gute Umsteigemöglichkeiten. Um die Kapazität der Bahnsteige optimal auszunützen und Züge aus allen Richtungen möglichst kreuzungsfrei einzubinden, war es notwendig, eine Überwerfung im Westen und eine Unterwerfung im Osten anzuordnen.

Seit Planungsbeginn war ein präziser Zeitplan vorgegeben, der für das Gesamtprojekt ebenso wie für die Teilprojekte galt. Eine Gesamtplanungsprojektleitung und drei Abschnittsprojektleitungen für die Bereiche „Anlage Süd", „Verkehrsstation" und „Anlage Ost" wurden eingerichtet. Insbesondere für die Verkehrsstation waren präzise Ablaufpläne für eine Vielzahl an Gewerken erforderlich, die vom Aushub bis zur Installation der Sanitärgeräte reichten.
Im „Wiener Team" einschließlich dessen Subunternehmen arbeiteten in der Hochphase bis zu 180 MitarbeiterInnen an dem Projekt. Die zentrale Verwaltungsstelle war ein Projektbüro. Es galt, zwischen den Planungsbüros des Wiener Teams, den ÖBB, der Stadt Wien, den ausführenden Firmen und schließlich den Pächtern des Handels- und Dienstleistungszentrums eine harmonische Abstimmung zu finden. Die ÖBB „C.des"-Plattform war hierbei für den Datenaustausch sehr hilfreich.

Die Aussage eines Vorstandsdirektors, das Projekt liege gut im Kosten- und Zeitplan, betrachtet das „Wiener Team" als hohes Lob für die nunmehr nahezu abgeschlossene Arbeit.

BR h.c. DI Helmut Werner, Zivilingenieur für Bauwesen
Geschäftsführung Werner Consult ZT GmbH
Geschäftsführer und Leiter des „Wiener Teams"

21.03.2013 Brückentragwerk über dem zukünftigen Busbahnhof. | Bridge support structure above the future bus station.

THE OVERALL DESIGN

In 2005 the Austrian Federal Railways (ÖBB) issued a EU-wide tender for the planning of Vienna Main Station. They were looking for a general contractor from the railway design sector, who could cover all agendas in railway, architectural, structural, building systems, and environmental planning with his or her team.

For their tender application, five Viennese engineering offices – Werner Consult ZT GmbH, ISP ZT GmbH, Stoik & Partner ZT GmbH, Tecton Consult Engineering ZT GmbH, and DI Wilfried Pistecky ZT KWW – combined to form a single bidder consortium. Already in this early phase a team of subcontractors were named for the fields of architecture and building construction: architects Hotz/Hoffmann · Wimmer for the railway station and Zechner & Zechner for the Matzleinsdorf High-Tech Headquarters and the technical offices E + P and ZFG for building systems.

The planning team under my leadership patriotically named itself the "Vienna Team" and rose to the challenge of the international competition for the megaproject. Sure enough, there was a range of proposals by interested planners from all across Europe, some with and some without Austrian partners. In the tender, quality was weighted at 70 per cent and the price at 30 per cent. Given the high quality that clearly manifested in our written documents and the subsequent hearing, the Vienna Team was awarded the contract.

In the concept phase, the focus was to determine the layout of the railway yards in accordance with the diverse requirements of the client. The transition from two railhead stations to a single through station entailed a completely new railway project. The new station should be situated as close as possible to Südtiroler Platz and the intersection with the U1 metro station in order to attain an optimal connection with the public transportation network. During the course of planning in 2006 a new concept for the station was elaborated. Originally, a two-storey complex was planned. However, further development led to the design of a five-storey railway station with a commercial and service centre and an underground parking garage.

Following the project development phase, the environmental impact statement was prepared for the main part of the project and submitted to the Austrian Ministry for Transport,

Innovation and Technology. In two parallel procedures the technical aspects had to be solved in accordance with the Railway Act and the environmental impacts in accordance with the Environmental Impact Assessment Act. All together, 20 expert planners and 15 consultants were needed for the §31a procedure and 30 consultants for the environmental impact assessment. The assessment process lasted from November 2007 to September 2008. Thanks to good preparation, the approval time could be kept to a minimum. The submitted documents formed a stack 5.8 metres high and with a weight of 214.6 kilograms for each party. The project passed through the assessment procedure without a problem – the application documents already prescribed numerous neighbour and environmental protection measures, such as the on-site reprocessing of demolition and excavated materials or the construction of eight kilometres of sound barriers and the installation of 14,000 soundproof windows in nearby buildings.

A construction challenge was to overcome the 4.5-metre height difference between the southern and eastern railways. The level of Laxenburger Straße together with the metro line below it set a fixed height: The clearance height for the street and the bus station as well as the construction height of the new bridge resulted in the height of the future railway infrastructure in the station area. This also defined the storey heights in the railway station building with two levels for the commercial and service centre, which is primarily situated under the platforms. The height requirements demanded minimised constructive heights of the load-bearing structures in order to facilitate the required room heights in the circulation hall.

The fact that the trains would essentially be riding on the 5th floor above the station building and the commercial and service centre implied the task of distributing the braking and centrifugal forces of trains stopping in a curve from the tracks to the foundation. This also necessitated special constructions in the areas around the expansion joints. Furthermore, the roof above the platforms rests on the in-situ concrete platform and the track supporting structures. A balance had to be found for the varying structural grids and the different movements of these two constructional levels.

The Vienna Team paid special attention to the architectural design of Vienna Main Station. The highlight of this design is the diamond-shaped form of the roof structure. The structural implementation of the geometrically complex roof involved a great deal of effort in its design and construction. In the meanwhile, it has become a symbol of modern Vienna.

A main concern of the ÖBB was to equip the Main Station with high-grade services for users. This includes being able to change trains smoothly. In order to optimally exploit the capacity of the platforms and to incorporate trains coming from all directions with few intersections, an overpass to the west and an underpass to the east were integrated into the design. Since the beginning of the planning process, a precise time schedule was set for the overall project and for the sub-projects as well. An overall planning project management and three sector project managements for the areas "Southern Railyards", "Railway Station", and "Eastern Railyards" were established. For the railway station, in particular, precise time schedules were needed for a multitude of tasks, from excavation work to the installation of sanitary appliances.

At the peak stage, up to 180 people worked on the project within the Vienna Team and its subcontractors. The central administrative organ was a project office. Its role was to find a harmonious consensus between the planning offices of the Vienna Team, the ÖBB, the City of Vienna, the contracted companies, and finally the tenants of the commercial and service centre. The ÖBB "C.des" platform was very helpful with data exchange in this process.

The statement by a board director that the project is well on target in the cost and time plan was seen by the Vienna Team as great praise for work now nearly completed.

Helmut Werner
Civil Engineer, Executive Manager of Werner Consult ZT GmbH, Executive Manager and Director of the "Vienna Team"

02.07.2013
Rechts: Die Tragstruktur einer Dach-Raute.
Right: The structural framework of a roof segment.

WIENER TEAM – VIENNA TEAM

Werner Consult ZT GmbH
Leitung/Geschäftsführung | Executive Manager/Director
Helmut Werner, Helmut Schlenz
Planung Verkehrsstation | Station Planners
Bernhard Kompiller, Walter Breitfuss

ISP Ziviltechniker GmbH
Planung Anlage Süd | Southern Railyards Planners
Rainer Mück, Gerhard Baumgartner

Stoik & Partner ZT GmbH
Planung Anlage Ost | Eastern Railyards Planners
Michael Kratschmer, Georg Corazza

Tecton Consult Engineering ZT GmbH
Planung Anlage Ost | Eastern Railyards Planners
Karl-Hans Huber, David Mayerhofer

Ingenieurbüro Wilfried Pistecky
UVP-Management | UVP Management
Wilfried Pistecky

TB Eipeldauer + Partner Gmbh
Elektroplanung | Electrical Planners
Alfred Eipeldauer, Jürgen Ehrenhofer

ZFG-PROJEKT GMBH
Haustechnikplanung | Building Systems Planners
Josef Grafenauer, Stefan Fuchs

Gawaplan Ges.m.b.H
Nassmedienplanung | Water Facilities Planner
Wolfgang Faderl

Zechner & Zechner ZT GmbH
Hochbau Anlage Süd/Ost | Architects S/E Railyards
Christoph Zechner, Walter Kaiser

Hotz/Hoffmann · Wimmer
Architektur Verkehrsstation | Architects Railway Station
Theo Hotz, Ernst Hoffmann, Albert Wimmer, Michael Frischauf

ÖRTLICHE BAUAUFSICHT

Bei einem Bauvorhaben der Dimension des Hauptbahnhof Wien sind zahlreiche Ausführende mit unterschiedlichsten Leistungen beauftragt. Die örtliche Bauaufsicht (ÖBA) überwacht im Auftrag des Bauherrn die Einhaltung der Vertragsvorgaben durch die ausführenden Firmen. Wesentliche Elemente sind hier die Einhaltung der geforderten Qualität und der Termine sowie die Prüfung der in Rechnung gestellten Kosten. Im Rahmen des Auftrages Hauptbahnhof Wien koordinierte und überwachte die örtliche Bauaufsicht rund 165 Bauaufträge und definierte rund 400 Pönaltermine.

Die innerstädtische Lage des Baufeldes erhöhte die Anforderungen an die Bauleitung. Vor allem im Bereich der Anlage Ost und der Anlage Süd erfolgten zahlreiche Arbeiten bei laufendem Bahnbetrieb, sodass Maßnahmen zur Sicherheit des Bahn- und Baubetriebes abgestimmt werden mussten. Die Lage am stark befahrenen Wiener Gürtel brachte eine ständige Wechselwirkung mit dem Individualverkehr mit sich.

Im Zuge des Großprojekts waren unterschiedlichste Gewerke in den Bereichen konstruktiver Ingenieurbau, Stahlbau, Hochbau, Gleisbau, Technische Gebäudeausstattung, aber auch Geotechnik und Bodenchemie abzudecken. Auch die Ströme des Erdabtrag- und -auftragmaterials wurden nachverfolgt. Unterschiedlichste Konstruktionen wie Verbundbrücken, Stahlbetonbrücken, Bohrpfahlwände und Glasfassaden erforderten umfangreiches Wissen der örtlichen Bauaufsicht.

Aufgrund der dargestellten fachlichen und organisatorischen Herausforderungen haben sich die Ingenieurbüros Metz & Partner Baumanagement ZT GmbH, FCP Fritsch, Chiari & Partner ZT GmbH und Tecton Consult Baumanagement ZT GmbH zu einer Arbeitsgemeinschaft unter der Geschäftsführung von DI Gottfried Halamiczek, DI Reinhard Mechtler und Ing. Engelbert Mandl zusammengeschlossen. Die ARGE stellte dem Team das spezifische Wissen der einzelnen Büros zur Verfügung. Im Bereich Haustechnik hat das Büro Schmidt Reuter das Team verstärkt.

Aus Sicht der örtlichen Bauaufsicht war der Zusammenschluss eine gute Entscheidung, denn die Mannschaft hat ihren Zusammenhalt auch in schwierigen Phasen bewiesen. Nicht zuletzt war der Bauherr stets ein kompetenter Ansprechpartner.

DI Gottfried Halamiczek
Geschäftsführer ARGE ÖBA Hauptbahnhof

ON-SITE CONSTRUCTION SUPERVISION

In a construction project the scale of Vienna Main Station there are numerous contractors commissioned with a wide range of responsibilities. On behalf of the client, the On-Site Construction Supervision (ÖBA) monitors executing companies' compliance with contractual specifications. Important aspects here are compliance with the stipulated quality and schedule and the assessment of the invoiced costs.

In the framework of the Vienna Main Station commission the On-Site Construction Supervision coordinated and monitored approximately 165 building contracts. In total, it defined about 400 contractual penalty deadlines. The innercity location of the building site increased the requirements for construction management. Especially in the area of the southern and eastern railyards, a number of tasks had to be completed without interrupting rail service, hence safety measures between the railway and construction activities had to be coordinated. The location on the Vienna Gürtel, a busy traffic artery, also led to constant reciprocities with private transport.

Over the course of the megaproject a wide range of trades in the fields of structural and construction engineering, steel construction, railway infrastructure, technical building systems as well as geotechnics and soil chemistry had to be supervised. Another task was participation in earth excavation management, in which the flows of earth removal and application were monitored. The variety of constructions such as composite and reinforced steel bridges, bored pile retaining walls, and glass façades necessitated comprehensive knowledge from the On-Site Construction Supervision.

Given the aforementioned specialist and organisational challenges, the engineering offices Metz & Partner Baumanagement ZT GmbH, FCP Fritsch, Chiari & Partner ZT GmbH, and Tecton Consult Baumanagement ZT GmbH joined forces as a working group under the management of DI Gottfried Halamiczek, DI Reinhard Mechtler, and Ing. Engelbert Mandl in order to provide the team with the specialist knowledge of the respective offices. The office Schmidt Reuter supported the team in the field of building systems.

From the perspective of the On-Site Construction Supervision, this alliance was a good decision as the team demonstrated their cohesion throughout – also in difficult phases, which naturally occur in projects of this scale. And last but not least, the client always remained a competent counterpart.

Gottfried Halamiczek
Managing Director, Vienna Main Station ÖBA Working Group

30.11.2010 Die ersten Schalungen der Gleistragwerke in der Verkehrsstation. | The initial formwork of the track support structure in the station.

HAUPTBAHNHOF **WIEN**

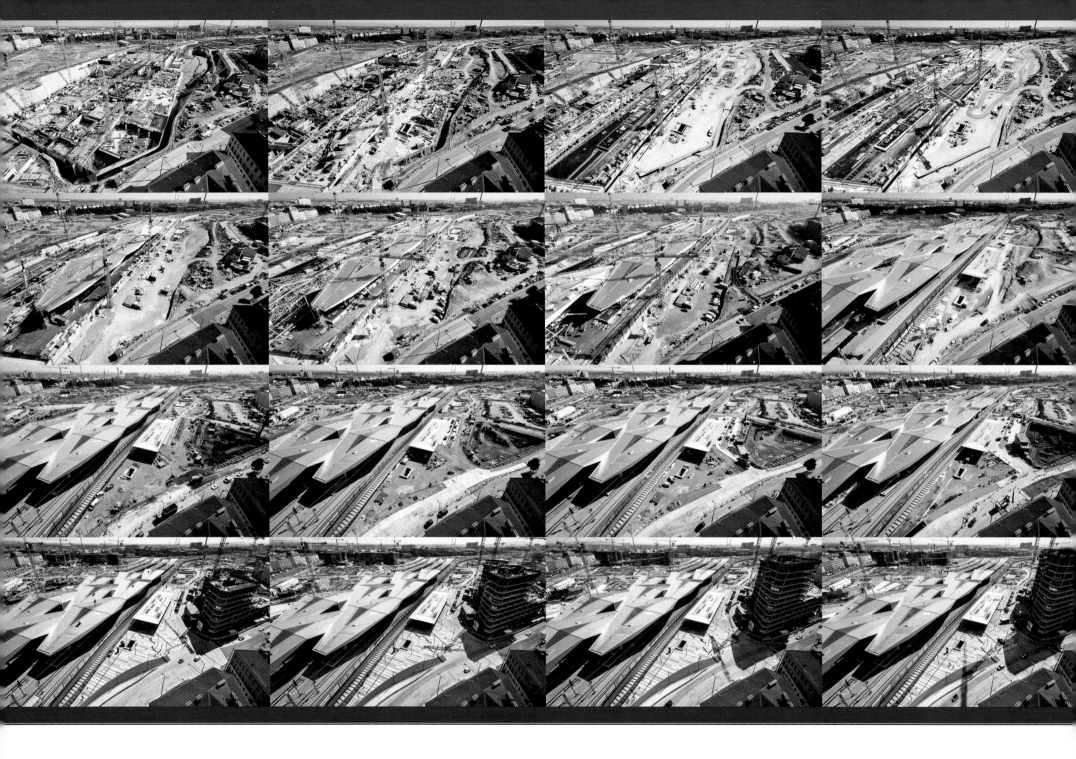

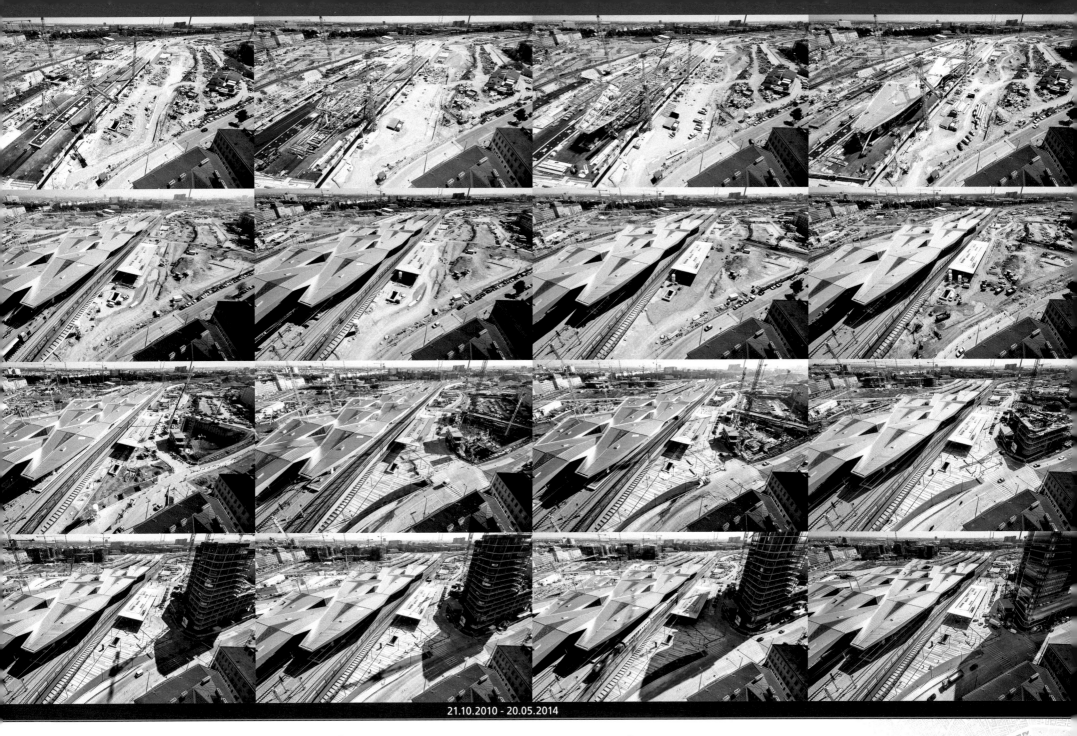

21.10.2010 - 20.05.2014

Die Entstehung der Verkehrsstation und der ÖBB-Konzernzentrale.
Aufnahmen der Zeitrafferkamera am Aussichtsturm „bahnorama".
490.900 Fotos wurden aufgenommen.

The evolution of the railway station and the ÖBB corporate headquarters.
Time-lapse camera imagery taken from the "bahnorama"
oberservation tower. 490,900 photos in total.

HAUPTBAHNHOF **WIEN**

19.10.2014

19.10.2014

REISEBÜRO

19.10.2014

Der Markuslöwe vom Dach des Gründerzeit-Südbahnhofes, der fünf Jahrzehnte in der Kassenhalle des 1956er Südbahnhofes stand, fand seinen Platz in der neuen Bahnhofshalle.

The Lion of St. Mark from the roof of the Gründerzeit South Station, which stood in the ticket hall of the 1956 South Station for five decades, found its new home in the station hall.

HAUPTBAHNHOF **WIEN**

20.12.2013

19.12.2013

Die Montage der Kragkonstruktion für das Vordach.

Mounting the cantilever construction for the station square canopy.

HAUPTBAHNHOF **WIEN**

11.02.2010

07.09.2014

Der Hauptbahnhof Wien, einen Monat vor der Eröffnung.
Links: Der Südbahnhof zwei Monate nach der Schließung.

Vienna Main Station a month before the opening.
Left: The South Station two months after closing.

01.12.2013

An der Stelle des abgetragenen Südbahnhofes
entsteht der Erste Campus im Quartier Belvedere.

On the site of the demolished South Station the
Erste Campus is being built in Quartier Belvedere.

05.10.2009

Das Portal des Wiener Südbahnhofes zum Wiedner Gürtel
zwei Monate vor der Schließung.

The entrance of Vienna South Station on the Wiedner Gürtel ring
road two months before closing.

10.10.2014

10.10.2014

Der Hauptbahnhof Wien wurde am
10. Oktober 2014 eröffnet.

Vienna Main Station opened
on October 10, 2014.

HAUPTBAHNHOF **WIEN**

19.10.2014   25.07.2012

Der Abtrag des Stellwerkes 11 am Ort
des heutigen Bahnhofsvorplatzes.

The demolition of Signal Box 11 where
today the station square is.

06.09.2012

Die letzte Stützmauer des Südbahnhofes fällt.
Der Hauptbahnhof im Hintergrund wird
drei Monate später den Teilbetrieb aufnehmen.

The last South Station retaining wall falls.
At the Main Station in the background partial
operations commenced three months later.

HAUPTBAHNHOF **WIEN**

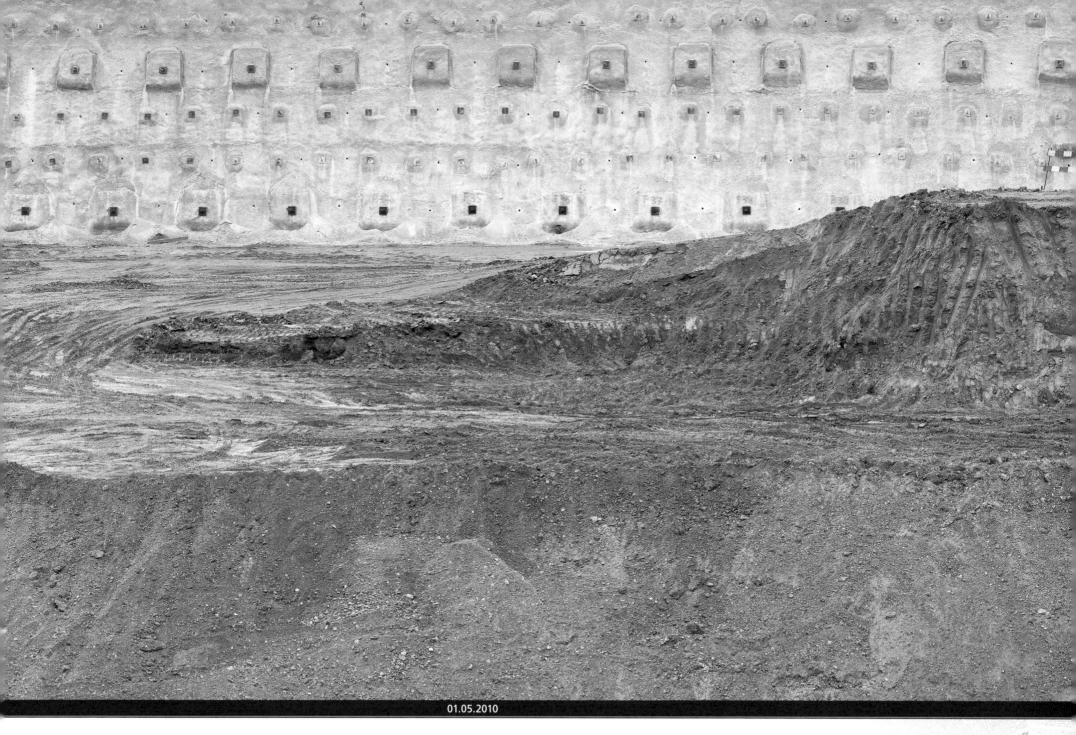

01.05.2010

Etwa 1,5 Millionen Tonnen Boden wurde im Baulos 1 ausgehoben.

Approximately 1.5 million tonnes of earth were excavated from Building Plot 1.

HAUPTBAHNHOF **WIEN**

259.200 Kubikmeter Beton und 30.060 Tonnen Bewehrungsstahl wurden bei einer Schalungsfläche von 287.500 Quadratmetern in der Verkehrsstation von der ARGE Strabag/Porr/Pittel+Brausewetter eingebracht.

ARGE Strabag/Porr/Pittel+Brausewetter employed 259,200 cubic metres of concrete and 30,060 tonnes of reinforcing steel for a formwork surface of 287,500 square metres in the station.

28.11.2012

Die Fundamente der Bahnhofshalle werden betoniert, während der Bahnhof in Teilbetrieb geht. Die grüne Wetterschutzwand bildet den Querschnitt von Verteilerhalle und Einkaufszentrum ab.

The concrete foundation of the station hall is poured while partial operations run at the station. The green weather screen walls illustrate a cross-section of the circulation hall and shopping centre.

HAUPTBAHNHOF **WIEN**

REISEBÜRO

BAHNHOF

RIESENAUSW
FÜR DAS TÄG
LEBEN.

19.10.2014

15.02.2010

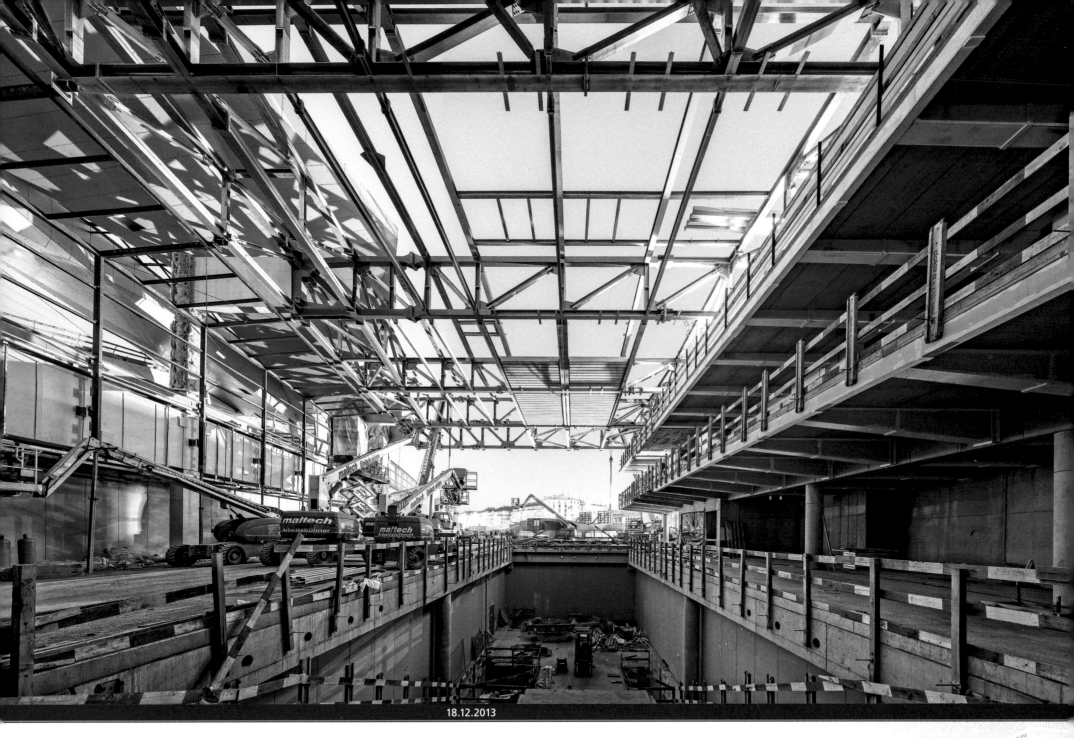

18.12.2013

Oben: Die Bahnhofshalle des Hauptbahnhofes.
Links: Die Kassenhalle des Südbahnhofes wird abgebrochen.

Above: The station hall under construction.
Left: The demolition of the South Station ticket hall.

HAUPTBAHNHOF **WIEN**

18.12.2013

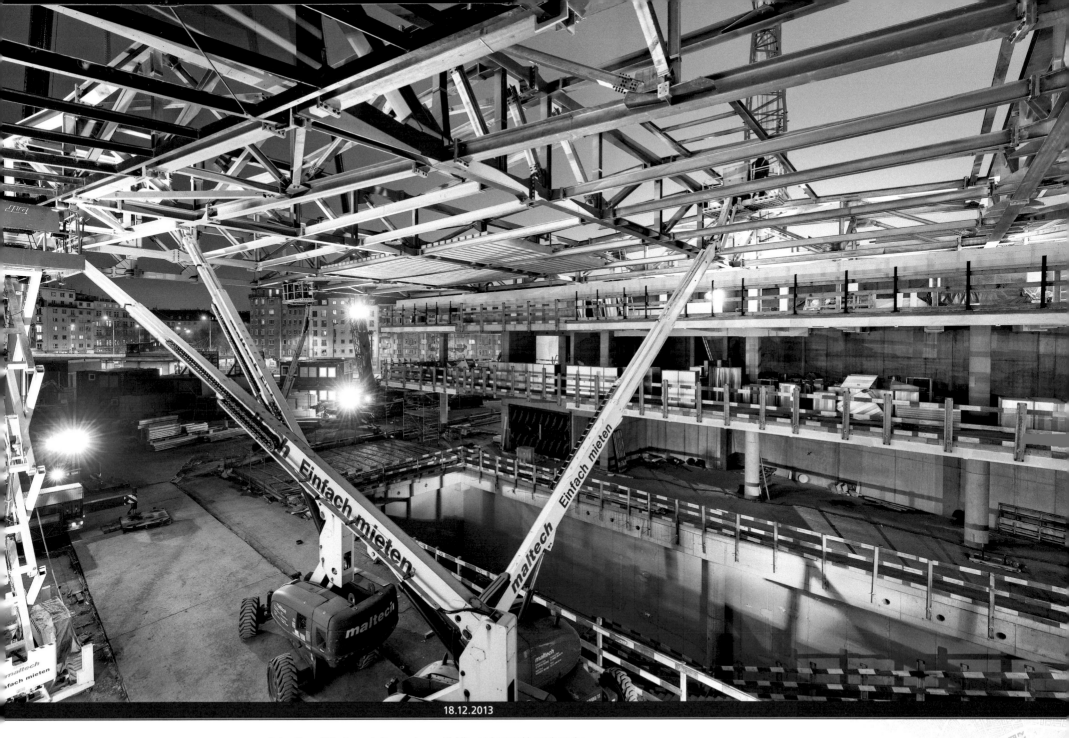

18.12.2013

Schweiß- und Montagearbeiten an der
Dachkonstruktion der Bahnhofshalle.

Welding and assembly work on the
station hall roof construction.

HAUPTBAHNHOF **WIEN**

BahnhofCity - „Alles Erste Klasse"

Die hochmoderne Verkehrsstation Wien Hauptbahnhof ist nicht nur Anlaufstelle für rund 1.000 Züge täglich, sondern bietet mit dem integrierten Shopping-Center BahnhofCity Reisenden und der ganzen Stadt Wien zusätzlich einen Einkaufs- und Erlebnistreffpunkt. Einige Geschäfte der BahnhofCity im Wiener Hauptbahnhof adressieren sich zu den Vorplätzen des Hauptbahnhofes, andere säumen die Empfangshallen des Infrastruktur-gebäudes. Mit der Einbettung des Bahnhofes in die Stadt, nur fünf Minuten vom Wiener Stadtzentrum entfernt, verfügt die BahnhofCity über eine hervorragende Lagequalität. Die ÖBB als Entwickler haben nach der BahnhofCity Wien West ein weiteres Mal die ECE aus Hamburg/Zweigniederlassung Wien als erfahrenen Partner mit der Planungs-optimierung, Vermietung und dem langfristigen Management der Einzelhandelsflächen beauftragt. Die ECE entwickelt, plant, realisiert, vermietet und managt seit 1965 große Einkaufszentren. Darüber hinaus betreut sie seit über 20 Jahren die Entwicklung von Flughäfen und Bahnhöfen in ihrer Sparte „Traffic". Für diese Spezialimmobilien gelten be-sondere Regeln, denn sie dienen in erster Linie dem Kerngeschäft Verkehr, stützen aber mit ihren Retail- und Servicekomponenten in wachsendem Umfang die Ertragskraft der Stationsbetreiber und die Zufriedenheit ihrer Kunden. Die besondere Herausforderung für die Planung der BahnhofCity am Wiener Hauptbahnhof waren die vielen technischen Vorgaben des komplexen Infrastrukturprojekts. Tatsächlich aber gelang es, für die Kun-den ein Einkaufserlebnis zu schaffen, als wären die Retail-Flächen von Anfang an auf den gewünschten Branchenmix hin geplant worden. Eine weitere Herausforderung war der für Wien völlig neue Standort. Die Pächter mussten zunächst davon überzeugt werden, dass die Kunden den neuen Hauptbahnhof auch als Einkaufsdestination wahrnehmen werden. Für Reisende sind insbesondere Informationen zu den Verkehrsmitteln, ein umfassendes Sicherheitsgefühl und ein klares Wegeleitsystem wichtig. Für das Shopping selbst steht nicht allzu viel Zeit zur Verfügung, deshalb ist die Fähigkeit der Pächter, ihre Leistung auf den Punkt zu bringen, besonders gefragt. Mit Blick auf die vielen Reisenden gibt es beim Branchenmix neben dem Schwerpunkt Mode/Textil einen erhöhten Anteil an Gastronomie und Waren des Kurzfristbedarfs.

Der Westbahnhof und der neue Hauptbahnhof in Wien sind jetzt schon Erfolgsstorys: Während der Westbahnhof bereits hohe Umsätze und damit Zufriedenheit sowohl bei Kunden als auch bei Betreibern generiert, erreichte der Hauptbahnhof von der Entwick-lung bis zur Eröffnung auf Anhieb eine große Akzeptanz, und das trotz eines erheblichen Stadtumbaus. Heute präsentiert sich die neue BahnhofCity in glänzender Verfassung. Das ist wirklich „Alles Erste Klasse".

Dipl.-Kfm. (FH) Christoph Augustin
Managing Director, ECE Projektmanagement Austria GmbH
Martin Lepper
Senior Consultant, ECE Office Traffic Industries G.m.b.H. & Co. KG

BahnhofCity - "Everything is First Class"

The ultra-modern mobility hub, Vienna Main Station, is not only an intersection for around 1,000 trains per day: With its integrated BahnhofCity shopping centre, it also offers travellers and the entire city of Vienna a bustling meeting point for shopping and encounters. Some of the shops at Vienna Main Station's BahnhofCity face towards the station squares; others are lined along the circulation halls of the infrastructural complex. As the station is essentially embedded in the Vienna city centre – a mere five minutes away – the BahnhofCity has a top-quality location. Following the BahnhofCity in Vienna West Station, the Austrian Federal Railways as developer once again commissioned the Vienna branch of Hamburg-based ECE as an experienced partner in the optimisation of the planning, letting, and the long-term management of the retail spaces. ECE has been involved in developing, planning, real-ising, letting, and managing large-scale shopping malls since 1965. Furthermore, it has supervised the development of airports and railway stations with its "Traffic" division for more than 20 years. These special properties are subject to specific rules since the core business is traffic; however, their retail and service components increasingly enhance both the profitability of the station operators and the satisfaction of their customers. The many technical requirements of the complex infrastructural project posed a special challenge for the planning of the BahnhofCity at Vienna Main Station. In the end, however, it was possible to provide customers with a shopping experience as if the retail spaces were exactly tailored to the desired mix from the very beginning. Another challenge was the completely new business location for Vienna. Tenants first needed to be convinced that customers would also perceive the new Main Station as a shopping destination. Information about the various means of transportation, an encompassing feeling of safety, and a clear guidance system are important to travellers. As there is not too much time available for shopping, the tenants' ability to concisely communicate their services is essential. With respect to the many travellers, besides a focus on fashion and textiles, a greater part of the retail mix is dedicated to gastronomy and goods for immediate needs.

The West Station and the new Main Station in Vienna can already be acclaimed as success stories: While the West Station already generates high sales, satisfying cus-tomers and operators alike, the Main Station – from its development to the opening – straightaway attained high acceptance, despite the considerable transformation of the urban surroundings. Today the new BahnhofCity truly presents itself in top form: "everything is first class".

Christoph Augustin
Managing Director, ECE Projektmanagement Austria GmbH
Martin Lepper
Senior Consultant, ECE Office Traffic Industries G.m.b.H. & Co. KG

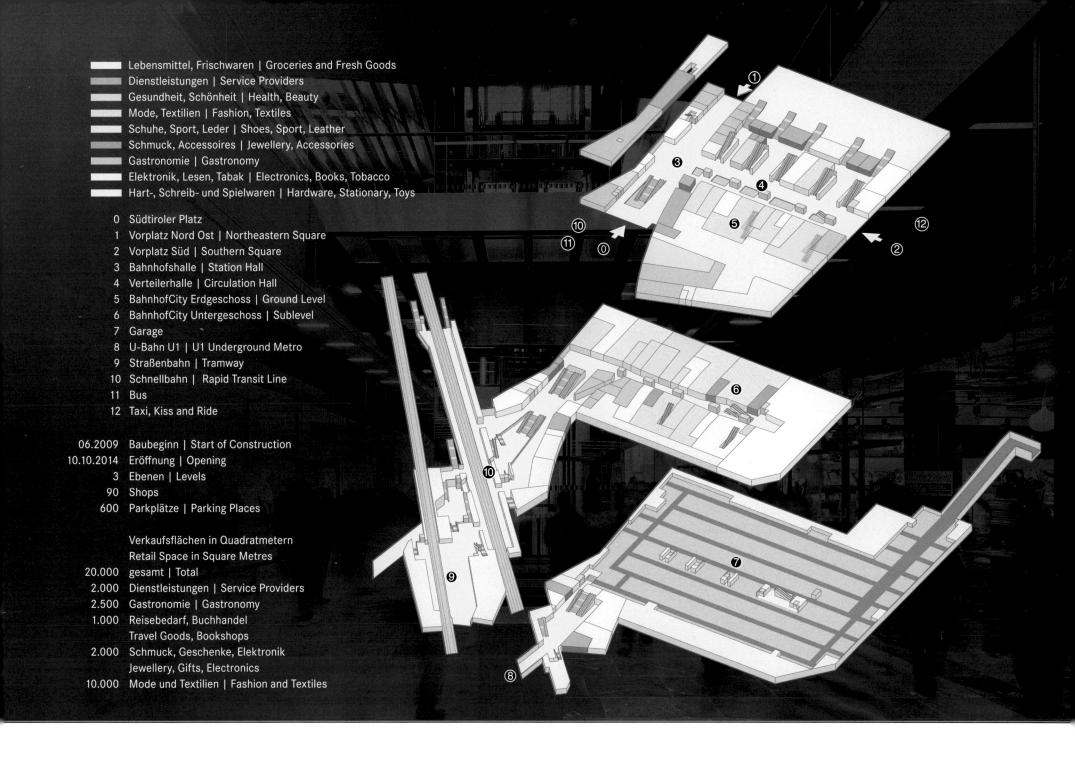

Lebensmittel, Frischwaren | Groceries and Fresh Goods
Dienstleistungen | Service Providers
Gesundheit, Schönheit | Health, Beauty
Mode, Textilien | Fashion, Textiles
Schuhe, Sport, Leder | Shoes, Sport, Leather
Schmuck, Accessoires | Jewellery, Accessories
Gastronomie | Gastronomy
Elektronik, Lesen, Tabak | Electronics, Books, Tobacco
Hart-, Schreib- und Spielwaren | Hardware, Stationary, Toys

0   Südtiroler Platz
1   Vorplatz Nord Ost | Northeastern Square
2   Vorplatz Süd | Southern Square
3   Bahnhofshalle | Station Hall
4   Verteilerhalle | Circulation Hall
5   BahnhofCity Erdgeschoss | Ground Level
6   BahnhofCity Untergeschoss | Sublevel
7   Garage
8   U-Bahn U1 | U1 Underground Metro
9   Straßenbahn | Tramway
10 Schnellbahn | Rapid Transit Line
11 Bus
12 Taxi, Kiss and Ride

06.2009   Baubeginn | Start of Construction
10.10.2014 Eröffnung | Opening
3   Ebenen | Levels
90   Shops
600   Parkplätze | Parking Places

           Verkaufsflächen in Quadratmetern
           Retail Space in Square Metres
20.000   gesamt | Total
2.000   Dienstleistungen | Service Providers
2.500   Gastronomie | Gastronomy
1.000   Reisebedarf, Buchhandel
           Travel Goods, Bookshops
2.000   Schmuck, Geschenke, Elektronik
           Jewellery, Gifts, Electronics
10.000   Mode und Textilien | Fashion and Textiles

19.10.2014   17.05.2011

10.10.2014

Die BahnhofCity im Untergeschoss.   The BahnhofCity on the sublevel.

HAUPTBAHNHOF **WIEN**

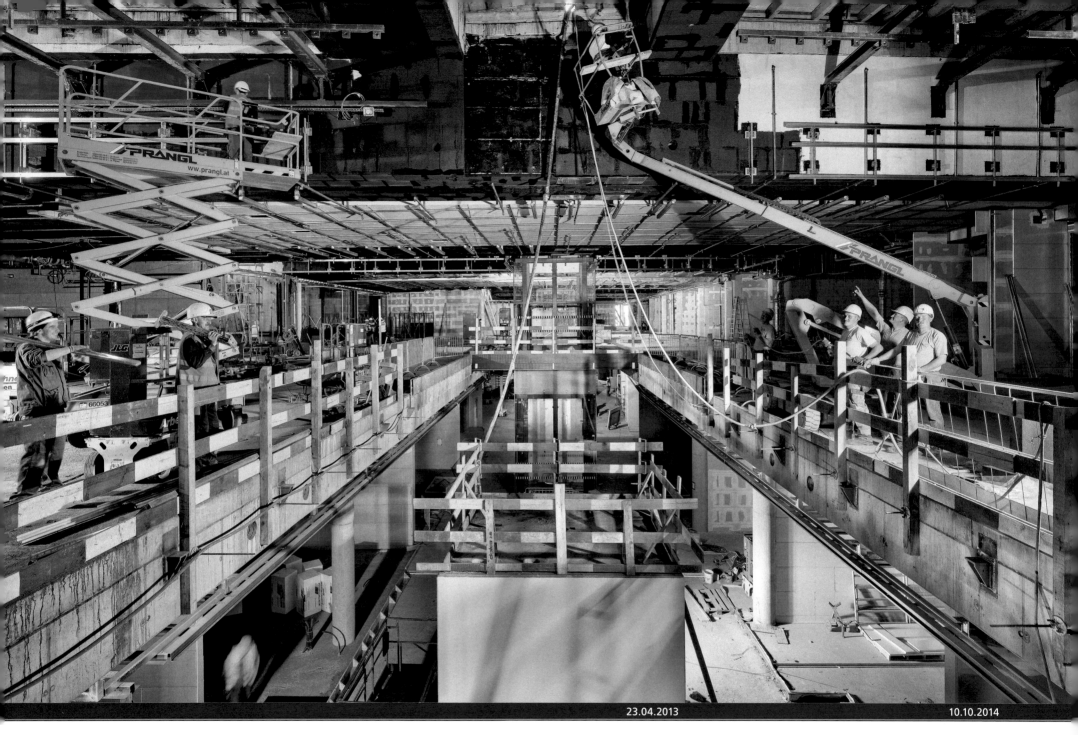

23.04.2013

10.10.2014

Der Innenausbau wurde von der ARGE Strabag/Porr als Generalunternehmer durchgeführt.

General contractor ARGE Strabag/Porr executed the interior construction.

07.09.2014

07.09.2014

Einzelhandelsflächen kurz vor der Fertigstellung.   Retail spaces shortly before completion.

HAUPTBAHNHOF **WIEN**

03.03.2010

17.09.2014

Oben: Die Tiefgarage mit 650 Stellplätzen – per Lift direkt in die BahnhofCity oder auf den Bahnsteig.
Links: Der Abbruch des Parkhauses am Südbahnhof.

Above: The underground garage with 650 parking places – with elevators directly to the BahnhofCity or the platforms.
Left: The demolition of the South Station parking garage.

HAUPTBAHNHOF **WIEN**

06.10.2008   02.07.2013

Am Ort des heutigen Vorplatzes Süd befand sich bis
2010 eines der drei Verbindungsgleise zwischen
Süd- und Ostbahn – das Steudelgleis.

One of three connecting tracks between the Southern
and Eastern Railway – the Steudel Track – was located on
the site of today's southern station square.

01.05.2010   01.07.2011

Die Tiefgarage im Rohbau.
Etwa an der gleichen Stelle wurde 14 Monate
zuvor der Steudeltunnel abgetragen und verfüllt.

Shell construction of the underground garage.
The Steudel Tunnel was demolished and filled in on
approximately the same location 14 months before.

HAUPTBAHNHOF **WIEN**

22.05.2008   03.07.2014

Der Vorplatz Süd und die ÖBB-Konzernzentrale.
An der gleichen Stelle sechs Jahre früher:
die Tankstelle Ecke Sonnwendgasse/Hintere Südbahnstraße.

The southern square and the ÖBB corporate headquarters.
Left: On the same location three years earlier: The gas station
on the corner of Sonnwendgasse/Hintere Südbahnstraße.

16.01.2009

Tankstelle, Gleisgruppe 600, Postzentrum Wien Süd
und der Südbahnhof.

Gas station, track group 600, Vienna South Postal
Centre, and the South Station.

HAUPTBAHNHOF **WIEN**

27.06.2014

Der Vorplatz Süd. Gestaltung der urbanen Freiflächen durch die Architekten im Wiener Team: Hotz/Hoffmann · Wimmer.

The southern station square. Design of the urban open space by the Vienna Team architects Hotz/Hoffmann · Wimmer.

HAUPTBAHNHOF **WIEN**

25.10.2012

In der ersten Bauphase wurde die Südseite der Verkehrsstation errichtet.

The south side of the railway station was built in the first construction phase.

HAUPTBAHNHOF **WIEN**

29.06.2013

Der Blick über das Rautendach und den Wiedner Gürtel zum Wiener Stadtzentrum.

The view over the diamond-shaped roof and the Wiedner Gürtel towards Vienna's city centre.

02.07.2013

06.12.2012

Die Firma Semmelrock lieferte mehr als 30.000 Quadratmeter Betonsteinpflaster für den Vorplatz und die Bahnsteige. Es wurde ein taktiles Leitsystem integriert, das die Orientierung von sehbehinderten Personen erleichtert.

The company Semmelrock supplied more than 30,000 sqm of concrete stone for the squares and the platforms. A tactile guidance system was integrated, which improves orientation for the visually impaired.

12.09.2013

Die ÖBB-Konzernzentrale bildet einen Raumabschluss für den Vorplatz Süd.

The ÖBB corporate headquarters spatially encloses the southern square.

HAUPTBAHNHOF **WIEN**

23.11.2007

07.12.2012

An der Stelle des Vorplatzes Süd stand bis 2009 das Materialmagazin der ÖBB.

The ÖBB material warehouse stood on the site of the southern square until 2009.

HAUPTBAHNHOF **WIEN**

22.05.2008

Bestand 2008 an der Kreuzung Favoritenstraße/Laxenburger Straße/ Sonnwendgasse. Rechts im Bild: Der Antonie-Alt-Hof.

The 2008 situation at the intersection Favoritenstraße/Laxenburger Straße/Sonnwendgasse. To the right: Antonie-Alt-Hof.

25.07.2012

An der Stelle des Antonie-Alt-Hofes entstand 2010 das temporäre Informationszentrum „bahnorama" mit seinem 60 Meter hohen Aussichtsturm aus Holz.

The "bahnorama" information centre with its 60-metre-high wooden observation tower was built on the site of Antonie-Alt-Hof.

HAUPTBAHNHOF **WIEN**

ANTONIE ALT
HOF

01.02.2009

Der Antonie-Alt-Hof wird abgebrochen.
Er stand zu nah an der neuen Streckenführung.

The demolition of Antonie-Alt-Hof.
It stood too close to the new track route.

27.06.2014

Das Informationszentrum am Hauptbahnhof Wien „bahnorama".

The "bahnorama" information centre at Vienna Main Station.

06.12.2012

Das „bahnorama", von den RAHM Architekten entworfen und geplant, von der ÖBB-Infrastruktur AG und der Stadt Wien projektiert und betrieben.

The "bahnorama", designed and planned by RAHM Architekten, commissioned and operated by ÖBB-Infrastruktur AG and the City of Vienna.

17.06.2011

Bis 30.09.2014 wurden 324.344 BesucherInnen
im „bahnorama" gezählt.

On September 30, 2014 there were 324,344
"bahnorama" visitors to date.

HAUPTBAHNHOF **WIEN**

12.01.2011

17.06.2011

Oben: Zum Zeitpunkt seiner Eröffnung der höchste
begehbare Holzturm Europas.
Links: Der Blick von der Turmkanzel auf die Baustelle.

Above: At the time of its opening it was the highest accessible wooden tower in Europe.
Left: The view from the tower pulpit to the building site.

HAUPTBAHNHOF **WIEN**

05.02.2009

12.09.2013

Oben: Der Eingang Süd in die Verteilerhalle.
Links: An der gleichen Stelle viereinhalb Jahre früher,
am Rande der Hinteren Südbahnstraße.

Above: The southern entrance to the circulation hall.
Left: The same place four-and-a-half years earlier,
on the edge of Hintere Südbahnstraße.

19.10.2014

10.10.2014

Die Verteilerhalle 1 wurde am 09.12.2012 teileröffnet. Am 10.10.2014 wurde sie gemeinsam mit der BahnhofCity eröffnet.

Circulation hall 1 opened partially on December 9, 2012. It officially opened together with the BahnhofCity on October 10, 2014.

HAUPTBAHNHOF **WIEN**

06.12.2012

07.12.2012   07.09.2014

Die Verteilerhallen.   The circulation halls.

16.12.2010

Zur Minimierung der Bauhöhe des Tragwerks über der Verteilerhalle werden Stahlbetonverbundträger verwendet.

Reinforced concrete composite girders were used to minimise the constructive height of the structure above the circulation hall.

16.12.2010

Der erste Hybridträger der Stahlbau Pichler GmbH wird eingehoben.
Insgesamt wurden 24 dieser Träger mit einem Gesamtgewicht von
700 Tonnen und je 26 Meter Länge verbaut.

Hoisting up the first hybrid girder by Stahlbau Pichler GmbH.
A total of 24 of these girders, each 26 metres long and with a
total weight of 700 tonnes, were built into place.

HAUPTBAHNHOF **WIEN**

07.12.2012

Die Verteilerhalle 2 am Ostende der Verkehrsstation liegt an der Karl-Popper-Straße und der Station der Straßenbahnlinie D.

Circulation hall 2 at the eastern end of the station is located on Karl-Popper-Straße next to the D line tram station.

09.09.2014

Die Rolltreppen zwischen Verteilerhalle und Bahnsteigen.

The escalators between the circulation hall and the platforms.

HAUPTBAHNHOF **WIEN**

18.12.2013

Auf den Bahnsteigen.   On the platforms.

28.11.2012

03.10.2013

HAUPTBAHNHOF **WIEN**

13.12.2007

04.03.2009   15.12.2013

Der „Hausbahnsteig" mit Gleis 19 (links) und
der Bahnsteig 12 (oben) des Südbahnhofes.
Unten: Bau und Betrieb im neuen Bahnhof.

The "house platform" with track 19 (left) and platform 12 (above)
of the old South Station. Below: Construction and railway
operations in the new railway station.

HAUPTBAHNHOF **WIEN**

09.12.2012

Der erste planmäßig ankommende Zug
und die ersten Fahrgäste am Hauptbahnhof Wien.

The first scheduled train arrival and the first
passengers at Vienna Main Station.

15.04.2013   07.10.2008

Die gleiche Stelle an der Südbahn.   The same place on the southern railway.

HAUPTBAHNHOF **WIEN**

02.07.2013

Baustellen- und Bahnbetrieb
nach der Teileröffnung.

Construction and railway operations
after the partial opening.

HAUPTBAHNHOF **WIEN**

18.12.2013

HAUPTBAHNHOF **WIEN**

02.07.2013

02.07.2013

An das Rautendach schließen im Hintergrund die
Einzelbahnsteigdächer an.

The individual platform roofs connect to the
diamond-shaped roof in the background.

HAUPTBAHNHOF **WIEN**

↓ Sonnwendgasse

02.07.2013

Schnellbahn am Bahnsteig 12. Im Hintergrund
der Rohbau der ÖBB-Konzernzentrale.

Rapid transit train at platform 12. Behind the shell of
the ÖBB corporate headquarters.

HAUPTBAHNHOF **WIEN**

Das Rautendach

Das Stahldach des Wiener Hauptbahnhofes prägt das Stadtbild Wiens auf signifikante Weise. Seine dynamische Gestalt steht für moderne Mobilität und verschafft 145.000 Reisenden täglich einen bleibenden Eindruck. Das Dach überspannt alle Bahnsteige und besteht aus 14 gefalteten Rauten- und fünf Einzelbahnsteigdächern mit einer Abmessung von bis zu 120 x 260 Metern. Im Zentrum jeder Raute öffnet sich die Konstruktion und gibt ein Oberlicht in Form eines Kristalls von etwa 6 x 30 Meter frei. Zusätzlich entstehen durch die Faltung und Versetzung der Rauten vertikale Fensterflächen. Der Lichteinfall bietet einzigartige Schattierungen an der plastischen Untersicht der Dachlandschaft. Jede Raute ruht auf vier betonummantelten Stahlstützen mit einer Stützweite von 38 Metern. Diese sind unten gelenkig gelagert und oben in einem Körper aus Fachwerkträgern eingespannt.

Die Unger Steel Group realisierte die aufwendige Rautendachkonstruktion mit 37.000 m² Fläche und die Vorplatzüberdachungen als Teil-Generalunternehmer in den Bereichen Stahlbau, Schlosser-, Glas- und Spenglerarbeiten. Der Baubeginn des Rautendaches war 2011. Die Fertigstellung erfolgte im vorgegebenen Zeitrahmen im März 2014.

Federführend für die Entwicklung und Planung der Dachkonstruktion war das „Wiener Team". Die Arbeitsgemeinschaft von Architektur-, Planungs- und Ziviltechnikbüros war hier mit Hotz/Hoffman · Wimmer für die Architektur und Werner Consult für die Tragwerksplanung tätig. 35 Statiker und Konstrukteure der Unger-Gruppe vollendeten den Planungsprozess der Architekten und Planer mittels modernster CAD/CAM-Systeme. Die 3D-Software begleitete alle relevanten Prozesse vom Projektmanagement über Statik, Planung, Materialbedarfsermittlung, Einkauf, Produktion, Montage bis zu den Vermessungs- und Abrechnungsarbeiten. So wurden die Einzelrauten, in denen kein einziger Bauteil waagrecht ausgerichtet ist, durch den konsequenten Einsatz neuester Technik und Software termintreu und lagerichtig zu dem Gesamtkunstwerk Rautendach zusammengefügt. 270 Mitarbeiter in der Unger-Produktionsstätte in Oberwart fertigten 70.135 lose und 21.065 geschweißte Bauteile in Rekordzeit – eine technische und logistische Meisterleistung, denn aufgrund der Krümmung des gesamten Bauwerks gleicht keine Raute einer anderen. Die hohe Stahlqualität und der Korrosionsschutz gewährleisten die Langlebigkeit und somit die Nachhaltigkeit der Konstruktion – ein Produkt bester Qualität von 100% österreichischer Handwerkskunst. Das Rautendach wurde aufgrund der komplexen Anforderungen an den Stahlbau, der innovativen technischen Realisierung, der Funktionalität und der außergewöhnlichen Optik bereits mehrfach ausgezeichnet. So erhielt die Unger Steel Group 2012 den Solid BauTech Preis und 2013 den österreichischen Stahlbaupreis.

DI (FH) Bernd Mühl, MSc MBA, Geschäftsbereichsleiter Stahlbau, Unger Steel Group

The Diamond-Shaped Roof

The steel roof of Vienna Main Station has a powerful effect on Vienna's cityscape. Its dynamic design is a symbol of modern mobility and creates a lasting impression for 145,000 travellers per day. The roof spanning over all five platforms consists of 14 diamond-shaped roof segments and five individual platform roofs with dimensions of up to 120 x 260 metres. A 6 x 30 metre crystal-shaped skylight pierces the centre of each diamond structure. Additionally, the folding and offset arrangement of the rhombuses yields vertical glazed surfaces. Changing light inclination creates stunning shadow effects on the soffit of the fluctuating roof landscape. Four concrete encased steel columns with a span length of 38 metres support each roof segment. The columns have hinged connections at the base; above, they are clamped into a framework of trussed girders.

The Unger Steel Group realised the elaborate diamond-shaped roof construction with a surface area of 37,000 square metres and the station square roofs in their role as a partial general contractor in the fields of steel construction, metal-, tin-, and glassworks. The construction of the roof began in 2011. It was completed in March 2014 as scheduled.

The "Vienna Team" played an integral role in the development and planning of the roof construction. Here the working group of architecture, planning, and civil engineering offices were involved, with Hotz/Hoffman · Wimmer responsible for the architectural design and Werner Consult for the structural planning. 35 structural engineers and designers from the Unger Group accomplished the planning process of the architects and planners with the latest CAD/CAM systems. The 3D software was employed in all relevant processes, be it project management, statics, planning, material requirement assessments, purchases, production, or assembly to surveying and accounting work. Through the systematic use of the latest technology and software, the components – in which no single element is horizontally oriented – could be combined into the spectacular whole of the diamond-shaped roof, precisely in the right position and on schedule as well. 270 employees in the Unger production facility in Oberwart manufactured 70,135 individual and 21,065 welded components in record time – a technical and logistic feat, given the curvature of the overall structure no single diamond was the same as another. The high-calibre steel and the corrosion protection guarantee the longevity and therewith the sustainability of the construction – a best-quality product from 100% Austrian craftsmanship. The diamond-shaped roof has already received numerous awards for the complex steel construction requirements, its innovative technical execution, the functionality, and for its extraordinary appearance. Amongst them, the Unger Steel Group received the 2012 Solid BauTech Prize and the 2013 Austrian Steel Design Award.

DI (FH) Bernd Mühl, MSc MBA, Head of the Steel Division, Unger Steel Group

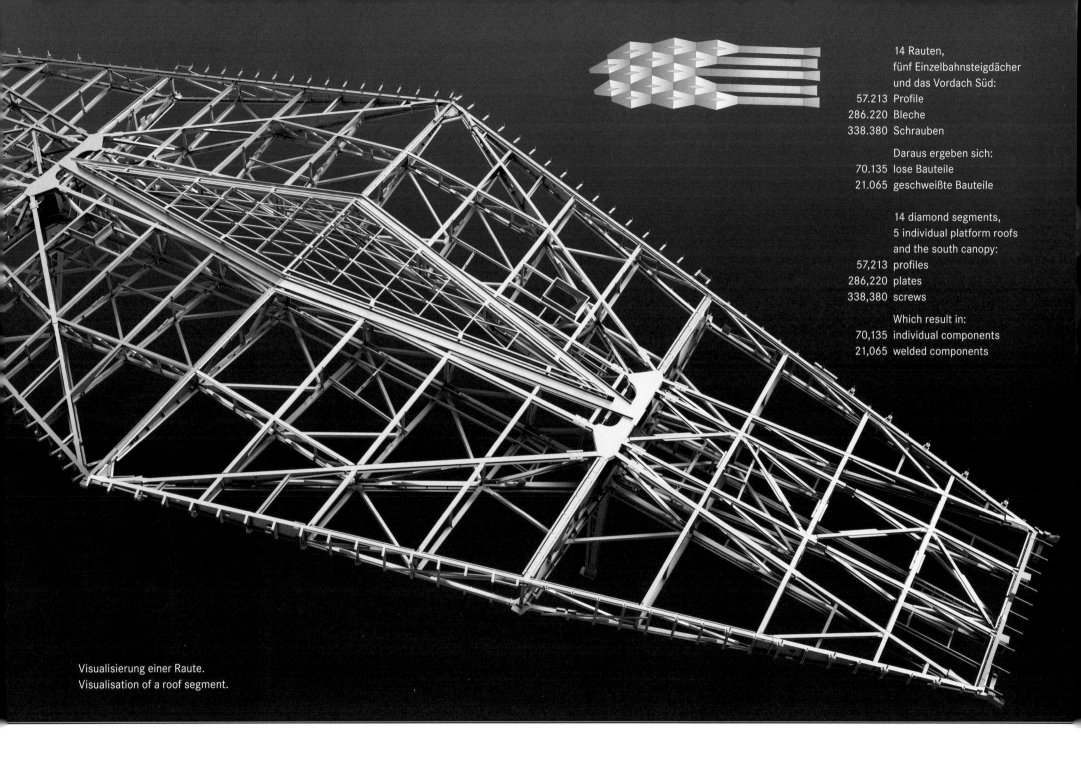

14 Rauten,
fünf Einzelbahnsteigdächer
und das Vordach Süd:
57.213 Profile
286.220 Bleche
338.380 Schrauben

Daraus ergeben sich:
70.135 lose Bauteile
21.065 geschweißte Bauteile

14 diamond segments,
5 individual platform roofs
and the south canopy:
57,213 profiles
286,220 plates
338,380 screws

Which result in:
70,135 individual components
21,065 welded components

Visualisierung einer Raute.
Visualisation of a roof segment.

28.11.2011

Der Riegel des Stützenquerrahmens
hat eine Höhe von 3,342 Meter.

The waler of the cross frame support
is 3.342 metres high.

08.11.2011   01.07.2011

Oben: Die Stützenquerrahmen und die Längsfachwerke
bilden die primäre Tragstruktur einer Raute.
Unten: Die fertig montierten Knoten.

Above: The cross frame supports and the longitudinal frames form the
primary load-bearing structure of a diamond segment.
Below: Fully assembled nodes.

HAUPTBAHNHOF **WIEN**

12.09.2013

HAUPTBAHNHOF **WIEN**

15.11.2011

Die ersten Gleise der Anlage Ost in der Verkehrsstation.

The first tracks of the eastern railway in the station.

15.11.2011

Das erste Einzelbahnsteigdach wird montiert.   The first individual platform roof is mounted.

HAUPTBAHNHOF **WIEN**

02.07.2013

Das Trapezblech der Untersicht ist für Wartungszwecke vollständig begehbar. Für den Brandfall werden Brandschutzplatten angebracht. Den Brandschutz der Stützen übernimmt die Betonummantelung.

For maintenance purposes the trapezoidal sheets of the soffit are completely accessible. In the event of fire it is equipped with fire-protection panels. Concrete encasing ensures fire protection around the columns.

12.09.2013

Zwei Einzelbahnsteigdächer warten auf die
Verkleidung mit Aluminiumverbundplatten.
Im Hintergrund der Erste Campus.

Two individual platform roofs await cladding with
aluminium composite sheets.
The Erste Campus in the background.

HAUPTBAHNHOF **WIEN**

26.05.2014

150 Rautendach | Diamond-Shaped Roof

12.09.2013

Oben: Eine Raute wird mit Aluminiumverbundplatten verkleidet.
Links: Die fertige Untersicht.

Above: A roof segment is clad with
aluminium composite sheets.
Left: The view from below after completion.

HAUPTBAHNHOF **WIEN**

ÖBB

Wien Hauptbahnhof
← Karl-Popper-Straße

07.09.2014

02.03.2012

02.03.2012

Die ersten Rauten sind fertiggestellt.   The first diamond roof segments are complete.

HAUPTBAHNHOF **WIEN**

07.02.2014

37.000 Quadratmeter Aluminiumgleitbügeldach, Zambelli Rib-Roof, mit integrierter Rautenverglasung. Die Unger Steel Group realisierte als Teil-Generalunternehmer die Stahlkonstruktion, Schlosser-, Glas- und Spenglerarbeiten.

37,000 sqm sliding aluminium arm roof, Zambelli Rib-Roof, with integrated diamond-shaped glazing. As a partial general contractor the Unger Steel Group executed the steel construction and the metal-, tin-, and glassworks.

13.07.2013

HAUPTBAHNHOF **WIEN**

07.10.2008

15.12.2013

Blick vom Vorplatz Nord-Ost auf den Bahnhof.
Links: Fünf Jahre früher an der gleichen Stelle.

View from the northeastern station square to the station.
Left: The same place five years earlier.

HAUPTBAHNHOF **WIEN**

04.04.2012   01.12.2013

Unten: Weichentransportwagen mit vorgefertigten
Kreuzungsweichen. Etwa 300 neue
Weichen wurden verlegt.

Below: Switch transport wagons with prefabricated
diamond crossings with slips. About 300 new
switches were laid.

27.03.2012

Gleisbau am Hauptbahnhof Wien.   Track construction at Vienna Main Station.

HAUPTBAHNHOF **WIEN**

02.04.2014

Die Außenreinigungsanlage (ARA) für Züge in der Gleisanlage Süd.
Der Eisenbahndrehkran 99 81 9119 008-6 der Swietelsky Bauges.m.b.H.
verlegt eine 23 Tonnen schwere Gleiswanne.

The external cleaning facility for trains in the southern railyards.
Railway slewing crane 99 81 9119 008-6 of Swietelsky
Bauges.m.b.H. lays a 23 tonne concrete tray for the tracks.

16.12.2013

Der Eisenbahndrehkran EDK 1200, 99 81 9119 004-5, der Swietelsky Bauges.m.b.H. beim Verlegen einer Weiche.

Railway slewing crane EDK 1200, 99 81 9119 004-5, of Swietelsky Bauges.m.b.H. laying a switch.

HAUPTBAHNHOF **WIEN**

03.04.2012

Das erste „schienengebundene" Fahrzeug fährt in den Hauptbahnhof Wien ein: Der AMECA-Kran der Swietelsky Bauges.m.b.H. beim Schienenvorfördern für das Gleis 17.

The first "rail vehicle" drives into Vienna Main Station: The AMECA crane of Swietelsky Bauges.m.b.H. placing the rails for track 17.

SWIETELSKY

03.04.2012

Der erste Lückenschluss zwischen den Schienen der Südbahn und der Ostbahn im Hauptbahnhof Wien wird besprochen.

Discussing the first connection between the rails of the southern and eastern railways in Vienna Main Station.

22.05.2014

Stills aus dem Film „Die Entstehung des Hauptbahnhof Wien 2009–2014.“

Stills from the film "The Construction of Vienna Main Station 2009–2014".

22.05.2014

Ein Mitarbeiter der Swietelsky Bauges.m.b.H.
befestigt eine Schiene am AMECA-Kran.

A Swietelsky Bauges.m.b.H. employee
attaches a rail to the AMECA crane.

HAUPTBAHNHOF **WIEN**

04.04.2012

Der Schnellumbauzug SUZ-350 wurde 2006 von der Swietelsky Bauges.m.b.H. generalüberholt und 1975 von Plasser & Theurer gebaut, hier am Hauptbahnhof Wien bei der Vorbereitung zum Einsatz.

The SUZ-350 high-speed track relaying train, built by Plasser & Theurer in 1975, received a general overhaul in 2006 by Swietelsky Bauges.m.b.H. and here preparing for work at Vienna Main Station.

14.12.2013

Mitarbeiter der Swietelsky Bauges.m.b.H. beim Verlaschen
der Schienen im Zuge der Gleisneulage mit dem SUZ-500.

Swietelsky Bauges.m.b.H. employees mounting fish plates
to the rails during track relaying with the SUZ-500.

HAUPTBAHNHOF WIEN

04.04.2012

Links im Bild fixiert die Schraubmaschine SW 1000 betrieben von der Swietelsky Bauges.m.b.H. und gebaut von Plasser & Theurer die Schwellenbefestigungen. Der SUZ-350 zieht das Schotterbett ab und legt im gleichen Arbeitsgang die Betonschwellen ab.

To the left in the image, the SW 1000 screwing machine operated by Swietelsky Bauges.m.b.H. and made by Plasser & Theurer anchoring the sleeper fasteners. The SUZ-350 trowels up the ballast bed and lays concrete sleepers in the same process.

04.04.2012

Der SUZ-350 beim Verlegen von Gleis 9 auf der Gleishau-
stelle der ÖBB-Infrastruktur AG in der Verkehrsstation.
Oben links: Die Schienenschweißmaschine APT 1500 RA.

The SUZ-350 lays track 9 at the ÖBB-Infrastruktur AG
track construction site in the station.
Above: To the left, the APT 1500 RA rail welding machine.

HAUPTBAHNHOF **WIEN**

28.03.2012

25.03.2014

Die Schienenschweißmaschine APT 1500 RA der Swietelsky Bauges.m.b.H. arbeitet nach dem Abbrennstumpf-Schweißprinzip. Durch hohe Stromzufuhr werden die beiden Schienenenden erhitzt und ineinander gestaucht. Bei diesem Prozess wird der Schiene kein Fremdmaterial zugeführt.

The APT 1500 RA rail welding machine of Swietelsky Bauges.m.b.H. is based on flash-butt welding technology. The rail ends are heated with a high electrical current and compressed together. No foreign materials are added to the rails in this process.

HAUPTBAHNHOF **WIEN**

14.12.2013

04.04.2012

Robert Traxler, Gleismeister, Bauzug 102 der
ÖBB-Infrastruktur AG, beaufsichtigt
die Schotterung von Gleis 2.

Robert Traxler, track foreman, construction unit 102 of
ÖBB-Infrastruktur AG, supervises
ballasting track 2.

03.07.2014

Die Unimat 09-32/4S Dynamic ist eine Universal-Stopfmaschine gebaut von Plasser & Theurer, sie bringt Weichen und Gleise in die geometrisch korrekte Position.

The Unimat 09-32/4S Dynamic is a universal tamping machine made by Plasser & Theurer. It places switches and tracks in the geometrically correct position.

HAUPTBAHNHOF **WIEN**

10.10.2013

Peter Tatei von der SPL Powerlines Austria auf dem Seilfahrrad montiert die Abstandshalter an der 15–21 Kilovolt olt ÖBB-Spitzenleitung.

Peter Tatei from SPL Powerlines Austria on the cable bike mounts spacers on the 15–21 kilovolt traction transmission line.

03.07.2014

Hermann Auer und Lukas Leitner regulieren die
Fahrleitungskette über Gleis 16.
65 Tonnen Kupfer wurden für die Oberleitungen am
Hauptbahnhof Wien verarbeitet.

Hermann Auer and Lukas Leitner adjust
the catenary line above track 16.
65 tonnes of copper were processed for the overhead
conductor lines at Vienna Main Station.

HAUPTBAHNHOF **WIEN**

28.06.2014

Die Einfahrt aus der Gleisanlage Süd in die Verkehrsstation.

The entrance to the Main Station from the Southern Railyards.

HAUPTBAHNHOF **WIEN**

21.03.2013

Die Nordumfahrung ist abgetragen und der Bahnbetrieb auf das neue Tragwerk verlegt.

The northern bypass is demolished and railway operations routed onto the new support structure.

17.06.2011

Im Bild links: Ein Teil des Brückentragwerkes über die Favoriten und Laxenburger Straße ist fertiggestellt. Im Bild rechts: Die provisorische Nordumfahrung nutzt den Rest der alten Brücke, daneben das stillgelegte Stellwerk 11.

To the left of the image: A part of the bridge support structure over Favoriten and Laxenburger Straße is complete. To the right: The provisional northern bypass uses the rest of the old bridge with the decommissioned Signal Box 11 beside it.

HAUPTBAHNHOF **WIEN**

27.11.2012

Mitarbeiter der ARGE Strabag/Porr/Pittel+Brausewetter betonieren einen Abschnitt des Tragwerkes über dem Busbahnhof. 2.547,53 Kubikmeter Beton wurden in einem Arbeitsgang eingebracht.

Employees from ARGE Strabag/Porr/Pittel+Brausewetter pour concrete for a section of the support structure above the bus station. 2547.53 cubic metres of concrete are used in one work cycle.

21.03.2013

Das fertiggestellte Tragwerk über dem Busbahnhof an der Favoritenstraße. Die Ebene der vertikalen Gebäudefuge zur Verkehrsstation ist zu erkennen.

The finished structure above the bus station on Favoritenstraße. One can see the level of the vertical building joint to the station.

HAUPTBAHNHOF **WIEN**

17.06.2011

Das alte Heizhaus Süd und die Gleise von Südbahn und Schnellbahn. Im Hintergrund: Die Überwerfung der Pottendorferlinie in Bau und der Hightech-Stützpunkt Matzleinsdorf.

The old South Locomotive Shed and the tracks of the southern and rapid transit railways. In the background: Construction work on the overpass of the Pottendorf Line and Vienna Matzleinsdorf High-Tech Headquarters.

15.07.2014

Drei Jahre später: Three years later:
Ein ähnlicher Blick in die Gleisanlage Süd.   A similar view into the southern railyards.

HAUPTBAHNHOF **WIEN**

13.03.2014

Die Überwerfung in der Gleisanlage Süd vom Aussichtsturm „bahnorama" aus gesehen. Die Stützmauer links vorne ist ein Rest der alten Bahnanlagen.

The overpass in the southern railyards seen from the "bahnorama" observation tower. The retaining wall to the lower left is a remainder of the old railyards.

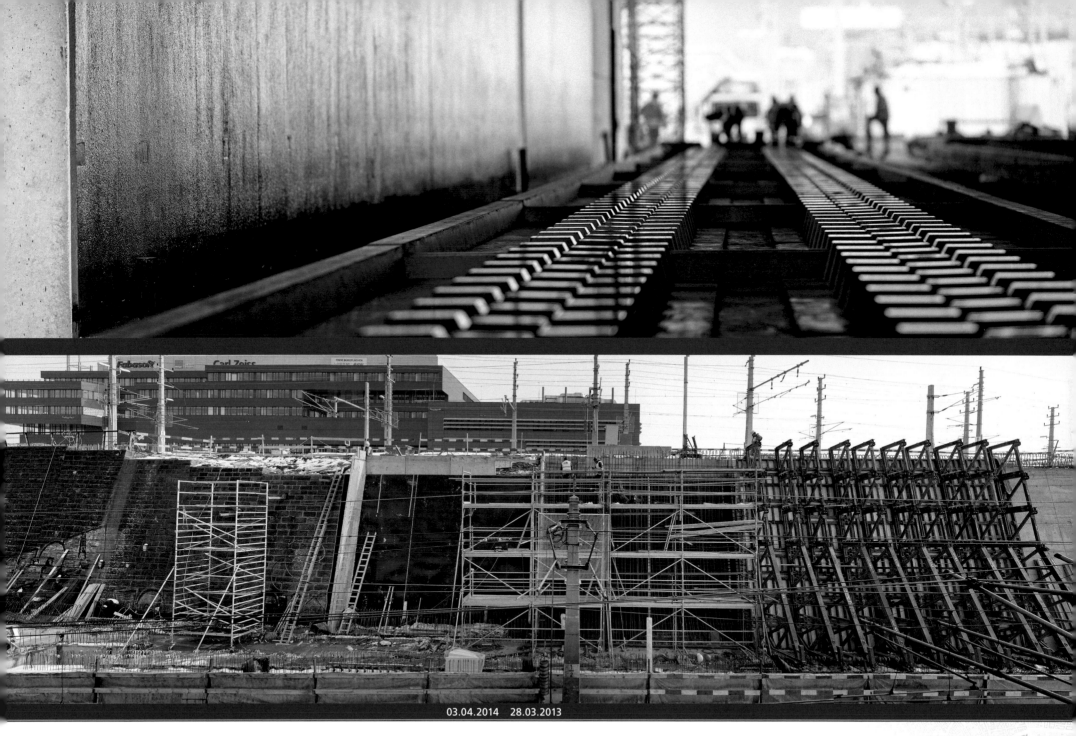

03.04.2014   28.03.2013

Oben: Die Oberflächen der Außenreinigungsanlage für Züge werden
beschichtet. Unten: Der Stutzmauer zur ehemaligen Abfahrt in den
Steudeltunnel wird eine neue vorgelagert.

Above: The surfaces of the train wash facility being coated.
Below: A new retaining wall is being built in front of one from
the former entrance to the Steudel Tunnel.

HAUPTBAHNHOF **WIEN**

19.04.2011

Schalungsgerüste für die Überwerfung in der
Gleisanlage Süd.

Formwork scaffolding for the overpass in
the southern railyards.

19.04.2011

HAUPTBAHNHOF **WIEN**

12.04.2009

03.12.2012

Links: Die alte Brücke über die Landgutgasse.   Left: The old bridge over Landgutgasse.
Oben: Die neue Brücke.   Above: The new bridge.

HAUPTBAHNHOF **WIEN**

21.12.2013

AUTO IM REISEZUG
Wien Südbahnhof

03.02.2009

26.05.2014

Die neue Verladestation für den Autoreisezug „Auto am Zug" in der Anlage Ost. Die alte Verladestation befand sich an den Gleisen 12 und 13 im Südbahnhof.

The new "car on train" loading area for the motorail train in the eastern railyards. The old loading station was located on track 12 and 13 of the South Station.

HAUPTBAHNHOF **WIEN**

03.03.2010

28.06.2014

Oben: Die Anlage Ost.
Links: Der Abtrag der ehemaligen Gleisgruppe 600.

Above: The eastern railyards.
Left: The removal of the former track group 600.

HAUPTBAHNHOF **WIEN**

17.04.2011

Provisorien für den Bahnbetrieb: Der verkürzte Ostbahnhof und die Nordumfahrung der Baustelle.

Provisional arrangements for railway operations: The shortened East Station and the northern bypass around the building site.

09.02.2011

Die Ostbahn war bis zum 09.12.2012 auf ihrem bisherigen Niveau in Betrieb (links), während rechts die neue Gleisanlage Ost aufgeschüttet wird, um in der Verkehrsstation das um 4,5 Meter höhere Niveau der Südbahn zu erreichen.

The eastern railway was operational on its former elevation until December 9, 2012 (left), while the new eastern railyards to the right had to be raised to overcome the 4.5-metre height difference with the southern railway in the station.

HAUPTBAHNHOF **WIEN**

30.06.2012

Die Multifunktionsanlage auf neun Gleisen dient der Versorgung, dem Abstellen und der Bildung von Zügen. Im Hintergrund: Die Südbahnhofbrücke.

A multifunctional facility: Nine tracks for supplying, storing, and composing trains. In the background: the South Station Bridge.

HAUPTBAHNHOF **WIEN**

26.05.2014

Die zukünftige Zusammenführung
der Gleise 5 und 14 in der Unterwerfung.

The future intersection of
tracks 5 and 14 in the underpass.

12.09.2013

Die Unterwerfung in der Anlage Ost ermöglicht die kreuzungsfreie Querung von Gleisen ohne Kapazitätseinschränkungen.

The underpass in the eastern railyards facilitates unintersected crossing of tracks without capacity reductions.

HAUPTBAHNHOF **WIEN**

27.03.2013

14.09.2010

109.600 Kubikmeter Beton wurden in der Anlage Ost von der ARGE Strabag/Porr/Pittel+Brausewetter eingebracht. Oben: Die Brücke über die Gudrunstraße. Links: Die alte Brücke.

109,600 cubic metres of concrete were used in the eastern railyards by ARGE Strabag/Porr/Pittel+Brausewetter. Above: The bridge over Gudrunstraße. Left: The old bridge.

28.03.2014

Mitarbeiter der ARGE Strabag/Porr/Pittel+Brausewetter:
Mentor Dervishaj und Afrim Zukaj (Vorarbeiter),
Ramiz Tolaj, Fatmir Kuci und Gashi Isuf (Zimmerer).

ARGE Strabag/Porr/Pittel+Brausewetter employees:
Mentor Dervishaj and Afrim Zukaj (foremen),
Ramiz Tolaj, Fatmir Kuci, and Gashi Isuf (carpenters).

28.03.2014

Mitarbeiter der SK Stahlbau GesmbH:
Roman Hilek (Facharbeiter), Thomas Scharl (Vorarbeiter)
und Ludvik Helesi (Facharbeiter).

SK Stahlbau GesmbH employees:
Roman Hilek (tradesman), Thomas Scharl (foreman), and
Ludvik Helesi (tradesman).

HAUPTBAHNHOF **WIEN**

07.12.2012

Ozyürek Mehmet and Ertekin Fevzi, employees
of the ARGE Strabag/Porr/Pittel+Brausewetter group.

Ozyürek Mehmet und Ertekin Fevzi, Mitarbeiter
der ARGE Strabag/Porr/Pittel+Brausewetter.

HAUPTBAHNHOF **WIEN**

17.09.2014

MitarbeiterInnen der Stadt Wien: Stadtbaudirektion, Projektleitung Hauptbahnhof, Wiener Linien, andere Dienststellen und Vertreter des 10. Bezirkes.

Employees of the City of Vienna: Executive Office for Urban Planning, Main Station Project Management, Wiener Linien, and other departments and representatives of the 10th district Favoriten.

16.09.2014

MitarbeiterInnen der ÖBB-Infrastruktur AG: Die Gesamtprojektleitung, die Projektleitung und das Baumanagement für den Hauptbahnhof Wien.

ÖBB-Infrastruktur AG employees: The General Project Management, the Project Management, and the Construction Management teams for Vienna Main Station.

HAUPTBAHNHOF **WIEN**

10.10.2014

Alexander Otto mit dem Team der ECE, verantwortlich
für die Planungsoptimierung, Vermietung und das
Management der BahnhofCity.

Alexander Otto with the ECE team, responsible
for the optimisation of the planning, letting, and
management of the BahnhofCity.

10.07.2014

Das Team der örtlichen Bauaufsicht.
ARGE ÖBA: Metz & Partner Baumanagement ZT GmbH,
FCP Fritsch, Chiari & Partner ZT GmbH und
Tecton Consult Baumanagement ZT GmbH.

The On-Site Construction Supervision team:
ARGE ÖBA: Metz & Partner Baumanagement ZT GmbH,
FCP Fritsch, Chiari & Partner ZT GmbH, and
Tecton Consult Baumanagement ZT GmbH.

HAUPTBAHNHOF **WIEN**

08.10.2010

Gottfried Kalkbrenner, Betonierer. Gottfried Kalkbrenner, concrete handler.

07.12.2010

Bewehrung für die 1,8 bis 2,2 Meter hohen
Gleistragwerke wird eingebracht.
Nächste Seiten: Menschen auf der Baustelle
2008–2014, aufgenommen von Sigi Herzog.

Bringing in the reinforcing steel for the 1.8 to
2.2-metre-thick track support structure.
The next pages: People on the construction site,
photos by Sigi Herzog.

HAUPTBAHNHOF **WIEN**

Sonnwendviertel – Quartier Belvedere

Straßenbau

5,5 km	neues Straßennetz ca.
5,1 km	adaptierte Straßen
7 km	neue Radwege
6,2 km	adaptierte Radwege
80	markierte Schutzwege
150	neue Verkehrszeichen

Wasser

13,5 km	Wasserrohre
100	Hydranten

Beleuchtung

30 km	Kabel
331	Deckenaussparungen mit 1638 Leuchtmittel
132	Boden-Leiteinrichtungen LED rot/weiß
56	Lichtstelen
10	Ampelanlagen (bis Oktober 2014)
9	Ampel-Adaptierungen mit Blinden-Akustik

Müll

70	Standpapierkörbe
12	Unterflur-Papierkörbe

Helmut-Zilk-Park

15.463 m2	Rasen
33.636 m2	Wiese
520	Bäume
85	Bänke
2.4 km	Trinkwasserleitung
11.780	Heckenpflanzen

Wiener Linien

800 m	neue Gleise (D-Wagen)
11	Weichen

Street Construction

5.5	km	new street network
5.1	km	adapted streets
7	km	new bike paths
6.2	km	adapted bike paths
80		zebra crossings
150		traffic signs

Water

13.5	km	water pipes
100		hydrants

Lighting

30	km	cables
331		ceiling aperatures with 1638 lights
132		ground guidance systems LED red/white
56		light masts
10		traffic lights (until October 2014)
9		traffic lights with acoustic adaptations for the blind

Waste Disposal

70	waste paper bins
12	underground paper bins

Helmut Zilk Park

15,463	sqm	lawn
33,636	sqm	grassland
520		trees
85		benches
2.4	km	drinking water pipeline
1,780		hedging plants

Wiener Linien public transportation

800	m	new tracks (D line)
11		switches

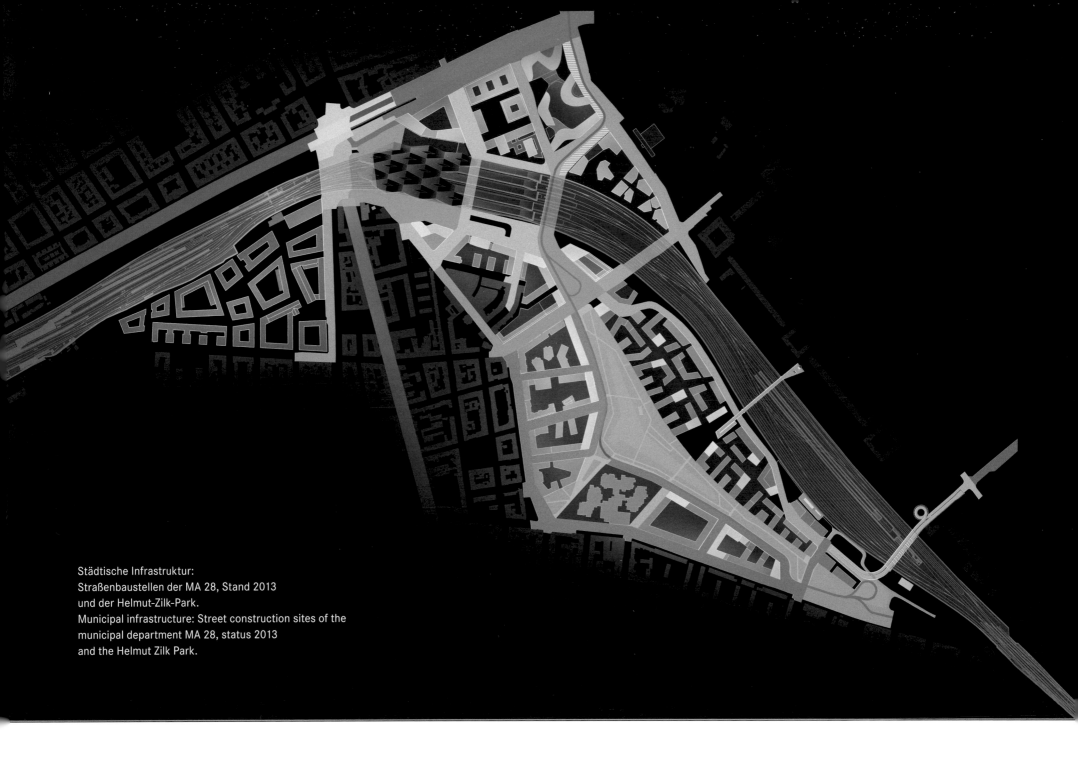

Städtische Infrastruktur:
Straßenbaustellen der MA 28, Stand 2013
und der Helmut-Zilk-Park.
Municipal infrastructure: Street construction sites of the
municipal department MA 28, status 2013
and the Helmut Zilk Park.

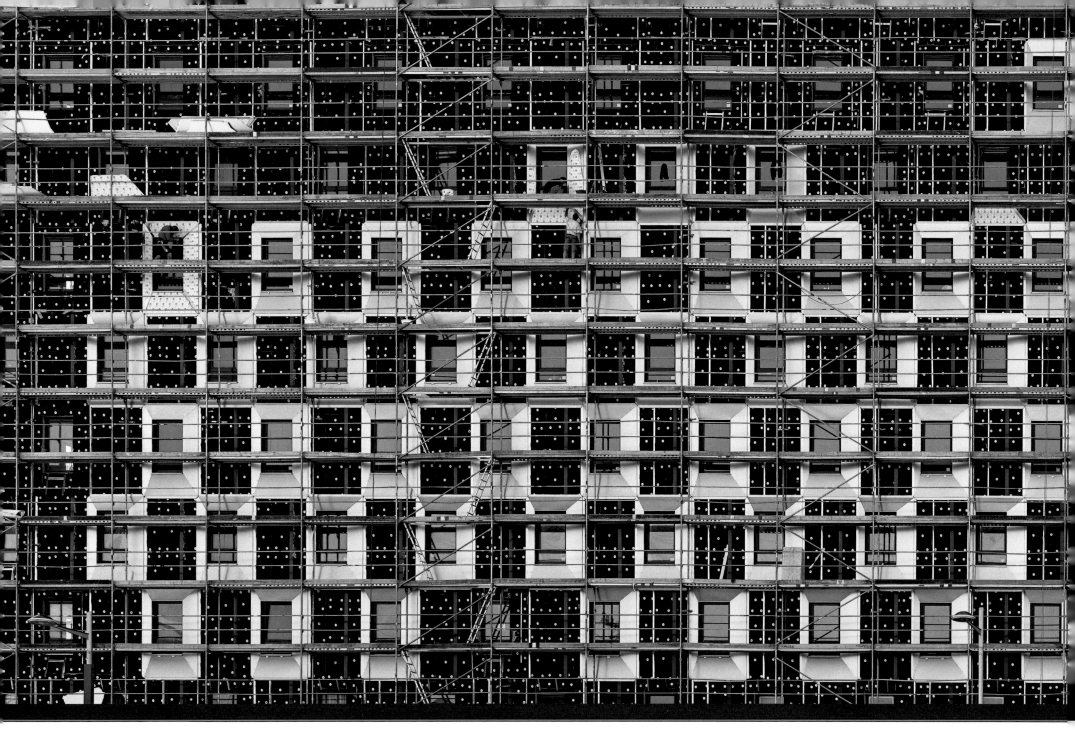

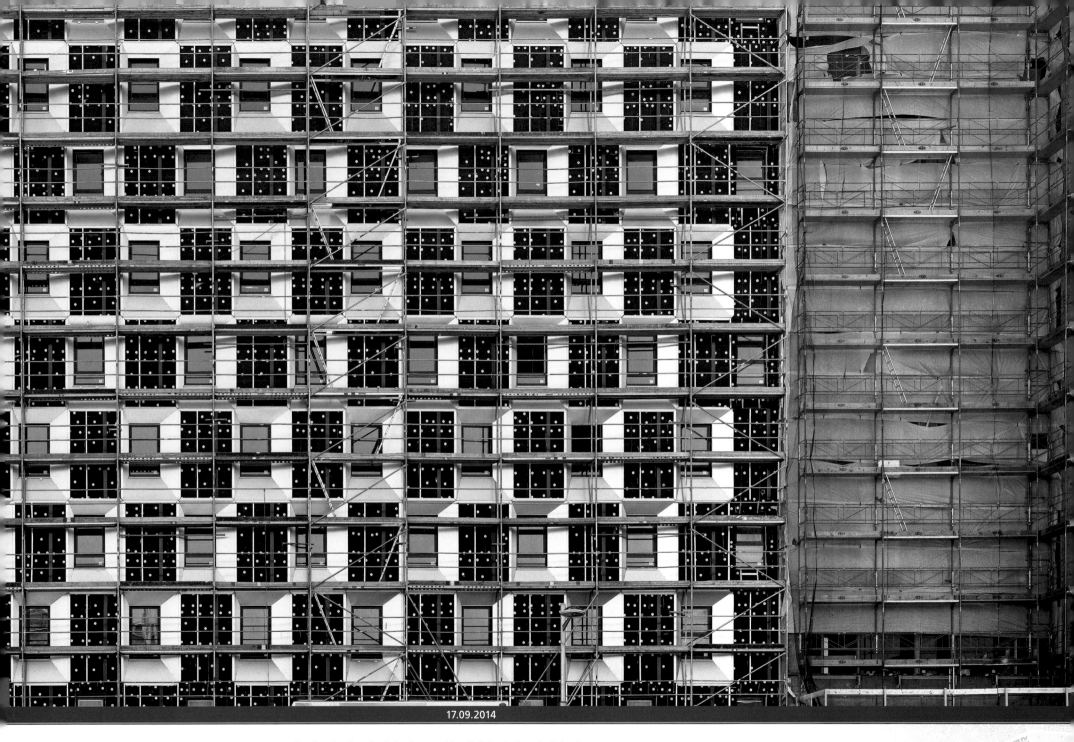

17.09.2014

Hotelbau im Quartier Belvedere.   Hotel building in Quartier Belvedere.

HAUPTBAHNHOF **WIEN**

28.06.2014 16.04.2011

Oben: Hotelbauten, die ÖBB-Konzernzentrale und der
Erste Campus im Quartier Belvedere.
Unten: Der Bahnhof im Rohbau.

Above: Hotel buildings, the ÖBB corporate headquarters,
and the Erste Campus in Quartier Belvedere.
Below: Construction work on the station

27.06.2014

Der Blick von der Sonnwendgasse ins
Quartier Belvedere.

The view from Sonnwendgasse
into Quartier Belvedere.

21.12.2013

Die ÖBB-Konzernzentrale von den
Zechner & Zechner Architekten, errichtet von der
BAI - HABAU - ÖSTU-STETTIN Gruppe.
The ÖBB corporate headquarters by Zechner &
Zechner Architekten, built by the
BAI - HABAU - ÖSTU-STETTIN group.

15.03.2014

12.09.2013

Die ÖBB-Konzernzentrale befindet sich
in unmittelbarer Nähe zum neuen Bahnhof.

The ÖBB corporate headquarters is located in the
immediate vicinity of the new Main Station.

HAUPTBAHNHOF **WIEN**

09.10.2008

27.06.2014

Blick in die Sonnwendgasse.   The view down Sonnwendgasse.

HAUPTBAHNHOF **WIEN**

05.10.2014

Der Abgang zur Schnellbahnstation „Quartier Belvedere", vormals Station „Wien Südbahnhof".

The entrance to the rapid transit station "Quartier Belvedere", formerly the station "Wien Südbahnhof".

19.10.2014

Bis zum 09.12.2012 hieß die südliche Endstation der Buslinie 13A der Wiener Linien „Südbahnhof", seitdem „Hauptbahnhof".

Until December 9, 2012 the southern end station of Wiener Linien bus line 13A was called "Südbahnhof", since then "Hauptbahnhof".

HAUPTBAHNHOF **WIEN**

Der Erste Campus, eine Pionierzone

Kulturell sensible Menschen werden das nordöstliche Eck des Hauptbahnhof-Entwicklungsgebietes als das Aufregendste empfinden. Hier treffen dritter, vierter und zehnter Bezirk zusammen. Hier prallt die barocke Gartenanlage des Belvedere auf ungeschminkte Gürtel-Architektur und zeitgenössische Bürobaukunst. Diesen Platz hat die Erste Group ausgewählt, um ihr neues Hauptquartier zu errichten. Der überregionale Bankkonzern, der aus der Ersten Österreichischen Sparkasse hervorgegangen ist, war damit einer der Pioniere im Zukunftsquartier.

Das Motiv für die Errichtung unserer Unternehmenszentrale war ökonomisch. Bisher auf über zwanzig Standorte in Wien verteilte Einheiten sollten an einem Platz zusammengeführt werden. Das Ziel: effizientere Abläufe, niedrigere Betriebskosten, zukunftsorientierte technische Ausstattung.

Der Charme des pragmatischen Opportunismus liegt in der Möglichkeit, das vordergründig Nützliche mit dem nachhaltig Erstrebenswerten zu verbinden. Eine Chance, die von uns ergriffen wurde. Die neue Unternehmenszentrale sollte Ausdruck der angestrebten Unternehmenskultur werden und die Entfaltung der Mitarbeiterinnen und Mitarbeiter im Sinne dieser Kultur energisch fördern – um den Kunden bestmöglich zu betreuen.

So ist hier kein Palast für Erbsenzähler errichtet worden, sondern der Erste Campus, ein Zusammenarbeitsplatz für rund 4.000 Menschen. Nach außen signalisieren die unprätentiösen Gebäude mit ihren geschwungenen Fassaden flache Hierarchien und Offenheit. Die Entscheidung für Holzfenster – hinter einer gläsernen Prallscheibe – strahlt Wärme aus. Nach innen ist das Konzept des Zusammenarbeitsplatzes mit großer Konsequenz umgesetzt. Es gibt keine Einzelbüros, auf allen Ebenen herrschen die Prinzipien des Open Space und des Desk Sharing. Die neue Arbeitswelt der Erste Group besteht darin, dass für jede Art der Arbeit der geeignete Arbeitsplatz angeboten wird – und die Mitarbeiterinnen und Mitarbeiter diesen Platz jedes Mal aufgabenbezogen neu wählen können – natürlich so, dass Datenschutz und Vertraulichkeit gewährleistet bleiben. Und auch die Erbsen dürfen nicht ungezählt bleiben.

Und die Kunden werden den Campus in einer neugeschaffenen Filialwelt erleben. Das modernste Banking wird hier ein neues Zuhause bekommen.   Herbert Juranek, Vorstandsmitglied Erste Group

THE ERSTE CAMPUS, A Pioneer Zone

People with a sense for culture will find the northeastern corner of the Vienna Main Station development area the most exciting. This is the point where the 3rd, 4th, and 10th districts meet. Here the baroque gardens of Belvedere palace contrast unadorned Gürtel architecture and contemporary office design. Erste Group chose this dynamic site to build its new headquarters. The interregional bank corporation, originally founded as the First Austrian Savings Bank, was therewith one of the pioneers in this city quarter of the future.

The grounds for the construction of our new corporate headquarters were economic. More than 20 business locations previously spread throughout Vienna should be consolidated at one place. The aim: more efficient workflows, lower operating costs, cutting-edge technology. The charm of this pragmatic opportunism lies in the chance to connect the overtly functional with a desirable and sustainable endeavour. An opportunity we seized. The new corporate headquarters should become an expression of our aspired corporate culture and vigorously encourage the potential of employees in the spirit of this culture – in order to offer the best possible service to our clients.

So we didn't build a palace for bean counters rather the Erste Campus, a team working environment for roughly 4,000 people. The exterior of the unpretentious buildings with their curved façades communicates flat hierarchies and openness. The decision for wood frame windows – behind glass impact panes – radiates warmth. Inside, the concept of team working is consistently implemented. There are no individual offices; open space and desk sharing principles predominate on all levels. The new work world of Erste Group provides best-suited workplaces for every mode of working, and employees can choose this place anew in accordance with the specific task – and naturally, data privacy and confidentiality are guaranteed. And, indeed, the beans cannot go uncounted.

Our clients will experience the campus in a new branch environment. State-of-the-art banking has a new home.

Herbert Juranek, Erste Group Board Member

Auftraggeber	Erste Group Bank AG
Projektentwickler	Erste Group Immorent AG
Gebäudemanagement	s OM
Architektur	Henke Schreieck Architekten ztgmbh
Arbeitsplätze	rund 4.000
Areal gesamt	2,5 ha
Bruttogeschoßfläche	ca. 117.000m² oberirdisch
Parkplätze	ca. 600
Client	Erste Group Bank AG
Project developer	Erste Group Immorent AG
Building management	s OM
Architect	Henke Schreieck Architekten ztgmbh
Workplaces	approx. 4,000
Entire area	2.5 ha
Gross floor area	approx. 117,000 sqm above ground
Parking places	approx. 600

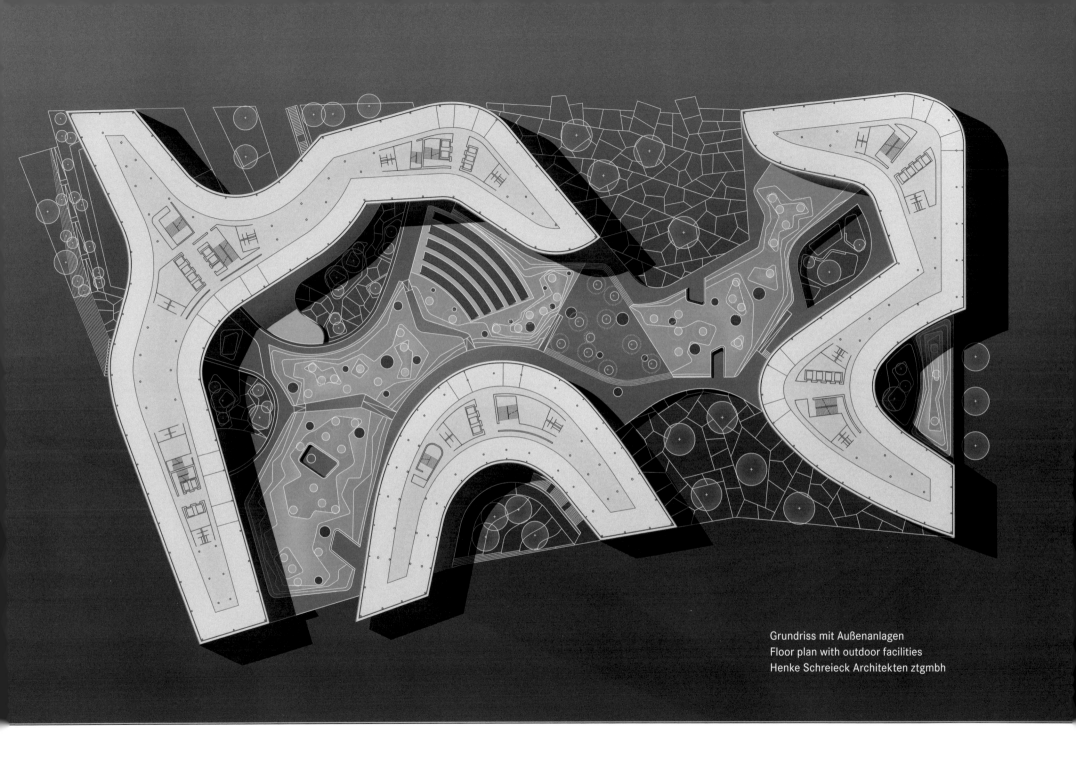

Grundriss mit Außenanlagen
Floor plan with outdoor facilities
Henke Schreieck Architekten ztgmbh

01.12.2013   15.12.2013

10.04.2014   07.11.2013

Diese und nächste Seiten: Der Erste Campus in Bau von den Henke Schreieck Architekten an der Stelle der ehemaligen Kassenhalle des Südbahnhofes.

These and the next pages: The Erste Campus by Henke Schreieck Architekten under construction on the site of the former South Station ticket hall.

HAUPTBAHNHOF **WIEN**

09.09.2014   15.02.2010

Oben: Im Foyer des Erste Campus.   Above: The Erste Campus foyer.
Unten: Der Abbruch des Südbahnhofes.   Below: The demolition of the South Station.

09.09.2014

08.10.2010

14.12.2013

Links: Der Südbahnhof ist abgetragen.
Oben: Der neue Bahnhof und
der Erste Campus in Bau.

Left: The South Station has been removed.
Above: The construction of the new station
and the Erste Campus.

15.02.2009   28.06.2014

Oben: Die Kassenhalle des Südbahnhofes.
An der gleichen Stelle entsteht fünf Jahre später ein
öffentlicher Durchgang vom Schweizer Garten durch
den Erste Campus in das Quartier Belvedere.

Above: The South Station ticket hall.
At the same place five years later, a public passageway
is being built from the Schweizer Garten through the
Erste Campus in Quartier Belvedere.

09.09.2014

HAUPTBAHNHOF **WIEN**

27.03.2013

Die letzten Reste des Ostbahnhofes werden entfernt,
rechts wird der Erste Campus errichtet.

The last remnants of the East Station are being removed;
to the right, construction of the Erste Campus.

HAUPTBAHNHOF **WIEN**

12.09.2008

28.06.2014

Der Südbahnhof und der Erste Campus
an der Arsenalstraße.

Vienna South Station and the Erste Campus on
Arsenalstraße.

HAUPTBAHNHOF **WIEN**

16.12.2010

Blick vom A1 Turm: Leere im Sonnwendviertel, die letzten Gleise des Frachtenbahnhofes Wien Süd sind als Abstellgleise für die Ostbahn in Betrieb.

View from the A1 Tower: The Sonnwendviertel is a void; the last tracks of Vienna South Freight Station are in use as storage sidings for the eastern railway.

04.12.2010

Blick aus dem Sonnwendviertel. Im Hintergrund die 52.4984
unter Dampf auf der provisorischen Nordumfahrung.

View from the Sonnwendviertel. In the background the 52.4984
locomotive under a cloud of steam on the provisional northern bypass.

HAUPTBAHNHOF **WIEN**

01.12.2013

01.12.2013

Links: Ausblick auf den zukünftigen Helmut-Zilk-Park.
Oben und auf den nächsten Seiten: Wohnbau von den
Delugan Meissl Associated Architects.

Left: View to the future Helmut Zilk Park.
Above and the next pages: Residential building by
Delugan Meissl Associated Architects.

15.02.2010

Der Frachtenbahnhof Wien Süd wurde zum Sonnwendviertel.

Vienna South Freight Station became the Sonnwendviertel.

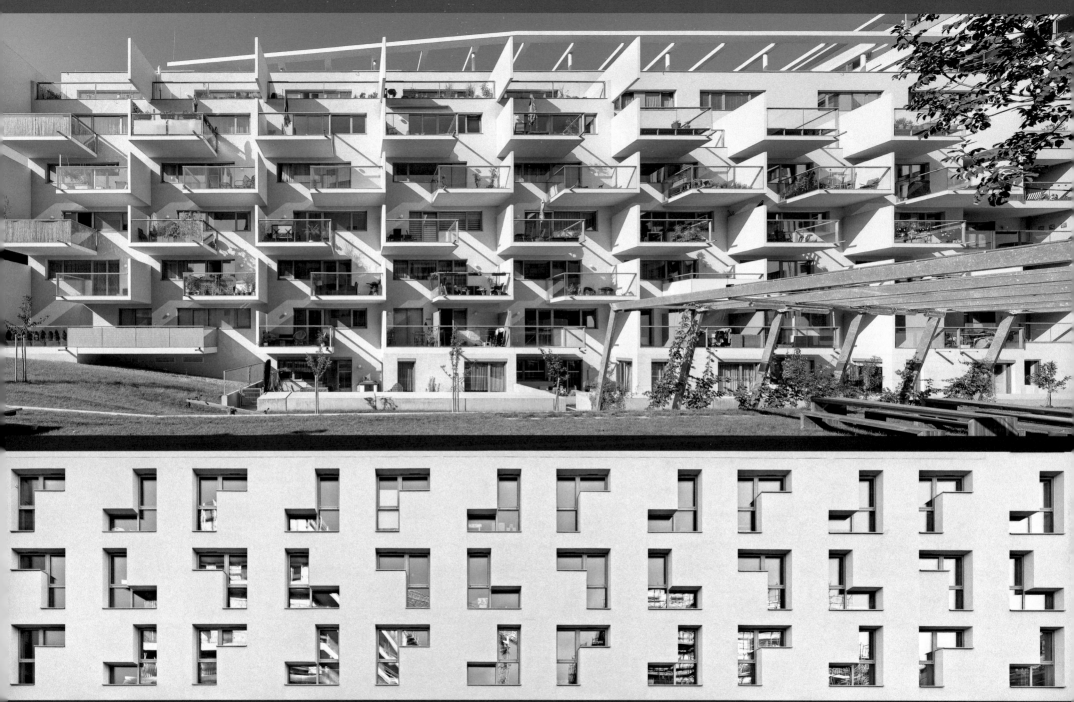

17.09.2014   01.12.2013

HAUPTBAHNHOF **WIEN**

26.07.2009

17.09.2014

Wohnbau im Sonnwendviertel. Oben: Von den s&s architekten.
Unten: Von Architekt Hubert Riess.
Links und nächste Seiten: Von den Architekten
Kada - Riepl/Kaufmann/Bammer - Vlay/Streeruwitz.

Residential buildings in the Sonnwendviertel. Above: By s&s architekten.
Below: By architect Hubert Riess.
Left and next pages: By architects
Kada - Riepl/Kaufmann/Bammer - Vlay/Streeruwitz.

17.09.2014

17.09.2014

17.09.2014

01.12.2013   17.09.2014

Wohnbau der Albert Wimmer ZT GmbH.   Residential building by Albert Wimmer ZT GmbH.

10.06.2009

23.12.2013

Oben: Wohnbau von Architekt Hubert Riess.
Links: Der Abtrag des Frachtenbahnhofes beginnt.

Above: Residential building by architect Hubert Riess.
Left: The demolition of the freight station begins.

29.06.2012

Abgetragene Gleise, temporäre Leere
und Massenlogistik im zukünftigen Sonnwendviertel.

Removed tracks, temporary emptiness, and
earthworks in the future Sonnwendviertel.

06.10.2010   27.06.2014   23.12.2013

Blick in die Sonnwendgasse.
Die „Gasse" wurde breiter, das neue Gegenüber
ließ einen urbanen Raum entstehen.

View down Sonnwendgasse.
The "alley" has become wider, the new vis-à-vis
creates an urban space.

HAUPTBAHNHOF **WIEN**

Bildungscampus

Gudrunstraße 110, außerhalb des touristischen Wiens: Kommt man zum ersten Mal in diese Gegend, sieht man gegenüber dem nicht klein geratenen Parkplatz einer Supermarktkette das zurückhaltende Gebäude des Bildungscampus. Farben spielen von draußen betrachtet eine geringe Rolle. Es gibt einen mit Netz geschützten Sportplatz, man sieht Teile eines Gartens, der Eingang ist neu, geräumig, sauber.

Pädagogische Sensationen führen ein Innenleben. Hier geht es nicht um Buntheit, noch weniger um bald verbrauchte Niedlichkeit. Der von der Wiener Architektengruppe PPAG geplante und umgesetzte Campus der Stadt Wien beweist seine Außergewöhnlichkeit, sobald man das Gebäude betritt. Seien es die an die MQ-Enzis erinnernden Sitzgelegenheiten im Foyer, oder die weiten Blicke durch Glaswände in das Innere des Gebäudes. Eine moderne, zeitnahe Pädagogik kann sich in diesem großzügigen Raumangebot entfalten, sie lebt auch von Lernmitteln wie dem IT-Equipment und Mobiliar wie den vielformigen Tischen. Ob Kindergarten, Volksschule oder Neue Mittelschule, überall spiegelt sich im Bildungscampus das Prinzip der fruchtbaren Gegensätze wider: es geht um Durchblick und Transparenz, zugleich um Nischen und Ecken. Rückzugsplätze wechseln sich mit Gemeinschaftsbereichen, „Marktplätze" genannt ab, Fluides mit Begegnung. Es geht um nichts Geringeres als Bildung mit Zukunftsanspruch, die im Ganztagsbetrieb erlebt und entwickelt wird.

In Favoriten, im neuen Stadtteil Sonnwendviertel - Erbe einer ca. 170-jährigen Eisenbahngeschichte, nahe dem Hauptbahnhof Wien – hat die Stadt Wien ein beeindruckendes Experiment gewagt und umgesetzt. 1.100 Kinder und Jugendliche, 200 PädagogInnen setzen seit September 2014 etwas in Gang, was seinesgleichen in Wien, in Österreich sucht.

Wer darauf stolz sein darf? Die Stadt Wien, die durchführenden Dienststellen (MA 10, MA 19, MA 34, MA 42, MA 56), Bildungsexperten und -politiker, die Architekten, vor allem aber die Kinder und Jugendlichen. Die innovativste Bildungsadresse des Landes steht in Favoriten.

Mag. Hans-Christian Heintschel
Hauptbahnhof Wien Kommunikation, Stadt Wien

Educational Campus

Gudrunstraße 110, well outside touristic Vienna: Upon first arrival in the neighbourhood, across from the oversized parking lot of a supermarket chain, one sees the modest building of the Educational Campus. From outside, colours play a minor role. There is a sports field with netting, you can see part of a garden, the entrance is new, spacious, and clean.

Pedagogic sensations lead an inner life. Here it is not about colourfulness, and even less about quickly dissipated cuteness. Designed and realised by the Viennese architect group PPAG, the campus of the City of Vienna proves its uniqueness as soon as you enter the building. Whether the seating accommodations in the middle of the foyer, reminiscent of the "Enzis" at Museumsquartier, or the deep vistas through glass walls into the heart of the building. Innovative, contemporary schooling can blossom in its ample rooms; it thrives from learning resources like cutting-edge IT equipment and furnishings such as multiform tables. Be it kindergarten, primary school, or secondary school, the principle of fruitful contrasts is reflected everywhere in the Educational Campus: It is about perspectives and transparency, but also niches and corners. Places of retreat alternate with community zones called "marketplaces", fluctuation with encounter. It is about nothing less than education with an eye to the future, experienced and cultivated all throughout the day.

In the Favoriten district in the new Sonnwendviertel neighbourhood – heir to a 170-year railway history close to Vienna Main Station – the City of Vienna ventured on an impressive experiment and succeeded. Since September 2014, 1,100 children and young people along with 200 s teachers have started up something unrivalled in Vienna and in Austria.

And who deserves the credit? The City of Vienna, the competent municipal departments (MA 10, MA 19, MA 34, MA 42, MA 56), education experts and policymakers, the architects, but first and foremost the children and young people. The country's most innovative address for education is in Favoriten.

Hans-Christian Heintschel
Vienna Main Station Communication, City of Vienna

Juni 2011	Baubeginn
01.09.2014	Inbetriebnahme
65 Millionen Euro	Kosten
43.000 m3	Bodenaushub
300 km	Kabelverlegungen
639	Schülertische (sechseckig)
165	Standardtische (viereckig)
2.942	Sessel und Hocker
41	Pflanzenarten im Außenbereich
30	Vogelhäuser/Nützlingshotels
1	Schildkrötengehege
1.500	Garnituren Essbesteck
3	Nudelwalker
3	Gugelhupfformen
June 2011	Start of construction
September 1, 2014	Campus opens
65 million EUR	Costs
43,000 m3	Excavated material
300 km	Cables laid
639	School tables (hexagonal)
165	Standard tables (rectangular)
2,942	Chairs
41	Types of outdoor plants
30	Birdhouses/insect hotels
1	Turtle preserve
1,500	Cutlery sets
3	Rolling pins
3	Ring cake moulds

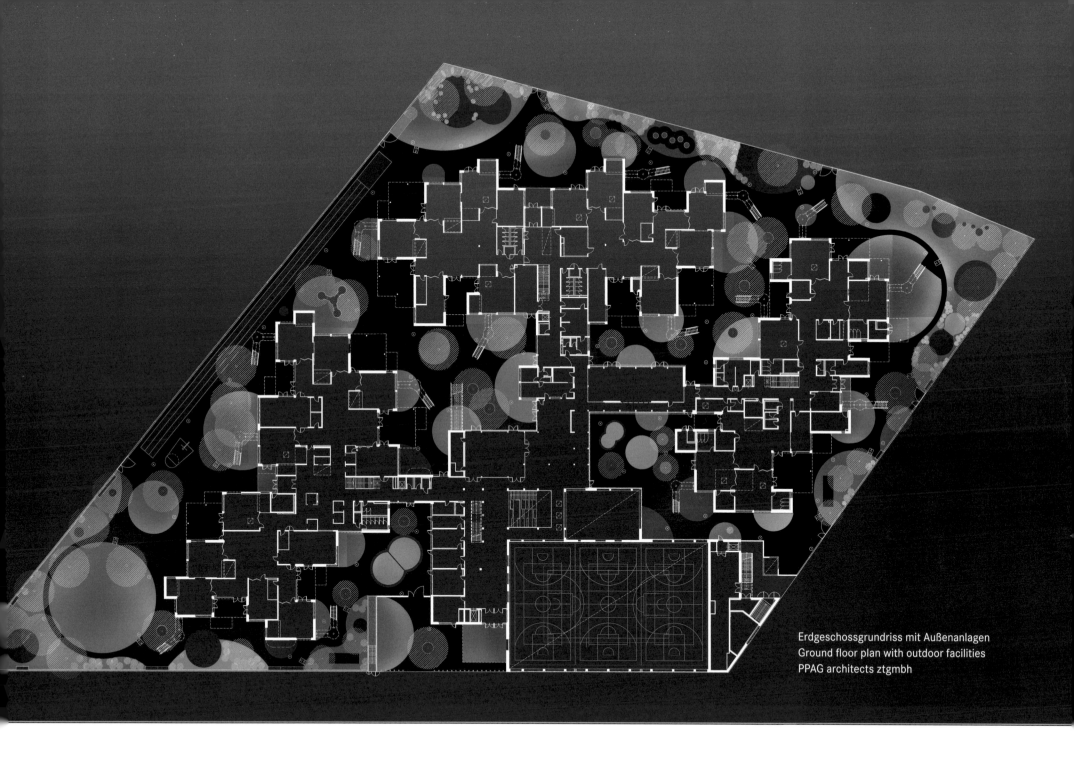

Erdgeschossgrundriss mit Außenanlagen
Ground floor plan with outdoor facilities
PPAG architects ztgmbh

12.11.2011

Der Frachtenbahnhof ist abgetragen. Das neue Straßenniveau am Nordrand des heutigen Bildungscampus ist hergestellt.

The freight station is removed. The new street level on the northern edge of today's educational campus is prepared.

05.10.2014

Am Haupteingang des
Bildungscampus Sonnwendviertel.

Main entrance of the Sonnwendviertel
Educational Campus.

05.10.2014

Der Bildungscampus Sonnwendviertel von Osten.   Sonnwendviertel Educational Campus from the east.

05.10.2014

05.10.2014

Der Bildungscampus Sonnwendviertel.   Sonnwendviertel Educational Campus.

05.08.2014

05.08.2014

Oben: Die Turnhalle.
Links: Freibereich eines Klassenzimmers.

Above: The gymnasium.
Left: Open area of a classroom.

Funktionale Vollplastik
Brücken-Hitlisten & Brücken als Kunst

826. So viele Brücken verwaltet die Magistratsabteilung 29 (Brücken- und Grundbau) der Stadt Wien. Zwei dieser Brücken befinden sich im Bereich des neuen Hauptbahnhofs und eine der beiden, die 420 Meter lange Südbahnhofbrücke, ist die Lieblingsbrücke von Hermann Papouschek, dem Leiter der MA29. Vielleicht wegen des eleganten Doppelbogens, der als gebauter Willkommensgruß für Zugreisende über den Gleisen schwebt. Vielleicht wegen der funktionalen Ästhetik des Gesamtensembles, denn auf die Doppelbögen folgen sieben schmalere und kleinere Bögen. Sie gehören zum 260 Meter langen Arsenalsteg, der ausschließlich für Fuß- und Radverkehr konzipiert ist. Damit steht er in der „emotionalen Brückenhierarchie" unterhalb der auch für den Autoverkehr ausgelegten Südbahnhofbrücke. Hervorragende Arbeit geleistet haben die MA29 und das den Brücken Form gebende Atelier Albert Wimmer ZT GmbH ganz offensichtlich mit beiden Bauwerken.

Brückenbau ist eine besondere Kunst und ihr Ergebnis, die Brücken, sind funktionale Vollplastiken. Der funktionale Aspekt ist das Überbrücken von Distanzen, Gleisen, Hindernissen und Bezirksgrenzen – in diesem Fall die zwischen dem 3. und dem 10. Bezirk. Unter künstlerischen Gesichtspunkten kann man Brücken aber auch lesen und interpretieren, in ihrer Gesamtheit als Stadtportal für Zugreisende und Verbindungsader für Benutzer. Aus der Ferne erkennt man die Bögen als Geste, nutzt sie als Orientierungspunkt in einer facettenreichen Stadtlandschaft. Aus der Nähe offenbaren sich dem aufmerksamen Betrachter Feinheiten. Etwa die Art, wie Brücken sich von ihrem höchsten Punkt hinab zu den Rampen neigen. Bombierung nennen die Fachleute das. Man entdeckt Form gewordene Bewegung auch an der Art, wie der Kraftfluss in den Boden geleitet wird, wie beide Brücken in die Kurvenlage gehen, wie sie sich in ihre Umgebung einpassen. Das Wesen einer Brücke zeigt sich auch in der Relation zwischen

der Höhe der Geländer und der Breite des Fußwegs, in der Oberflächenfarbe, der Untersicht der Brücke und zahlreichen anderen Details, auf die zu achten sich nicht nur bei Südbahnhofbrücke und Arsenalsteg lohnt. Aber hier ganz besonders. In der persönlichen Hitliste von Wiens oberstem Brückenbauer landet man nicht zufällig auf Platz 1.
Hannes Höttl, Autor

Auftraggeber	Stadt Wien MA 29 Brückenbau
Architektur	Albert Wimmer ZT GmbH
Konstruktion	Axis/Baumann + Obholzer
Brückenfläche	11.000 m²
Stahl	4.200 Tonnen

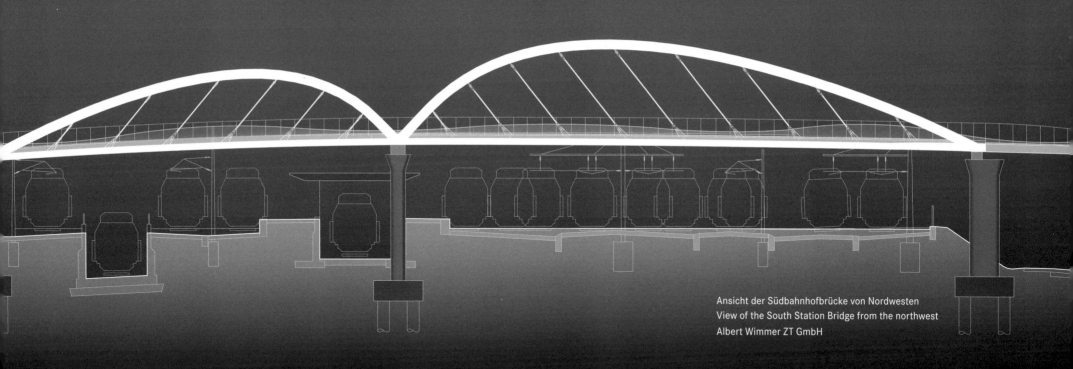

Ansicht der Südbahnhofbrücke von Nordwesten
View of the South Station Bridge from the northwest
Albert Wimmer ZT GmbH

Functional Sculptures
Bridge Hit Lists & Bridges as Art

826. That's how many bridges Municipal Department 29 (MA 29 – Bridge Construction and Foundation Engineering) of the City of Vienna administers. Two of these bridges are located in the vicinity of the new Main Station, and one of the two – the 420-metre-long South Station Bridge – is the favourite bridge of Hermann Papouschek, head of MA 29. Perhaps because of the elegant double arches, which float over the tracks like a built welcome greeting for rail passengers. Perhaps because of the functional aesthetics of the overall ensemble, as the double arches are followed by seven narrower and smaller arches just up the tracks. They belong to the 260-metre-long Arsenalsteg footbridge, which is designed exclusively for pedestrian and bike traffic. Thus, it ranks lower in the "emotional bridge hierarchy" than the South Station Bridge, which also handles car traffic. That MA 29 and the designers of the bridges, architecture office Albert Wimmer ZT GmbH, did an outstanding job is quite evident in both of these structures.

Bridge construction is an art form in itself, and the results – the bridges – are functional sculptures. The functional aspect is the bridging of distances, railways, obstacles, and district borders – in this case between the 3rd and 10th district. From an artistic perspective one can also read and interpret bridges in their entirety as a city gate for travellers and connective arteries for users. From a distance one identifies the arches as gestures, uses them as an orientation point in a multi-faceted cityscape. Upon closer inspection, the fine details become apparent to the attentive observer. For example, how the bridges decline from their highest point to the ramps. It is called crowning, the word experts use. One discovers movement become form also in the way the loads are distributed to the ground, how both bridges slant into a curve, how they integrate with their surroundings. The essence of a bridge is also manifested in the relationship between the height of the railings and the width of the walkway, in the colour of the surface, in the view from below, and in numerous other details worth contemplating – not only but especially with the South Station Bridge and the Arsenalsteg. After all, you do not come in first place in the personal hit list of Vienna's chief bridge builder by chance.

Hannes Höttl, author

Client	City of Vienna, MA 29 – Bridge Construction and Foundation Engineering
Architect	Albert Wimmer ZT GmbH
Construction	Axis/Baumann + Obholzer
Bridge Area	11,000 sqm
Steel	4,200 tonnes

17.09.2014

17.09.2014

Die Südbahnhofbrücke wird den 3. mit dem 10. Bezirk Wiens verbinden.

The South Station Bridge will connect Vienna's 3rd and 10th districts.

HAUPTBAHNHOF **WIEN**

27.03.2013

Die zweite Bauphase der Südbahnhofbrücke.
Das Stahltragwerk wird montiert und später eingehoben.

The second construction phase of the South Station Bridge.
The steel framework is mounted and then hoisted into place.

14.09.2010

Das Widerlager der Südbahnhofbrücke
wurde ohne Arbeitsfuge betoniert.

The abutment for the South Station Bridge was
poured without structural joints.

HAUPTBAHNHOF **WIEN**

12.09.2013

07.11.2011

Der Arsenalsteg.   The Arsenal footbridge.

08.10.2010

ANHANG | APPENDIX

AUTOREN | AUTOREN:

Vorworte | Prefaces
Christian Kern, CEO der ÖBB-Holding AG
Dr. Michael Häupl, Bürgermeister der Stadt Wien
DI Roman Bönsch, office@romanboensch.at
Dr. Andreas Hirsch, ah@andreas-hirsch.net

Texte | Texts
Dipl.-Kfm. (FH) Christoph Augustin
christoph.augustin@ece.com
DI Judith Engel, MBA MSc, judith.engel@oebb.at
Mag. Karin Finan, post@karinfinan.de
Dr. Karl-Johann Hartig, karl-johann.hartig@oebb.at
DI Gottfried Halamiczek, halamiczek@metz-partner.eu
Mag. Hans-Christian Heintschel
hc.heintschel@wien.gv.at
Hannes Höttl, hannes.hoettl@wieninternational.at
Herbert Juranek, herbert.juranek@erstegroup.com
Franziska Leeb, franziska.leeb@aon.at
Martin Lepper, martin.lepper@ece.com
DI Herbert Logar, herbert.logar@oebb.at
DI (FH) Bernd Mühl, MSc MBA, Bernd Mühl,
bernd.mühl@ungersteel.com
BR h.c. DI Helmut Werner, Ziviling. für Bauwesen,
h.werner@wernerconsult.at

Bildunterschriften | Image Captions
DI Roman Bönsch, office@romanboensch.at

Textredaktion | German Copywriter
Mag. Karin Finan, post@karinfinan.de

Korrektorat, dt. Texte | German Proof Reading:
Michael Walch, Wien

Übersetzung | Translation
Peter Blakeney & Christine Schöffler,
mail@whysociety.org

BILDNACHWEIS | IMAGE CREDITS

Seite 19: ÖBB-Infrastruktur AG, Aldinger+Wolf
Seite 23 o.: Rudolf von Sandmann, Tonlithografie
nach Aquarell von Rudolf von Alt, L.T. Neumann Verlag, Wien ca. 1870, Sammlung Roman Bönsch, Wien
Seite 23 u.: Allgemeine Bauzeitung 1874, Blatt 26
Seite 25 o.: Michael Frankenstein, um 1880
Seite 25 u.: Allgemeine Bauzeitung 1874, Blatt 25
Seite 26: Allgemeine Bauzeitung 1874, Blatt 24
Seite 31: Visualisierung Roman Bönsch, Plangrundlage: Wiener Team, Hotz/Hoffmann · Wimmer

Seiten: 120,121, 176 links, 215, 220, 221, 250:
Sigi Herzog, Wien
Seite: 176 rechts: Powerlines Group Austria GmbH
Alle weiteren Fotografien Roman Bönsch, Wien

Plandarstellungen | Ground Plans
Seiten: 13, 20-21, 222-223: Plangrafiken: Roman
Bönsch mit folgenden Plangrundlagen übergeben
von der ÖBB-Infrastruktur AG:
Gesamtlageplan Verkehrsprojekt
Hauptbahnhof Wien:
Der Plan enthält Elemente der Mehrzweckkarte,
Stadt Wien, MA 41 Stadtvermessung und Elemente
der Gesamtplanung Hauptbahnhof Wien:
Wiener Team: Werner Consult/ISP/Stoik/
Tecton Consult/Pistecky
   Architekturplanungen:
   Hotz/Hoffmann · Wimmer, Zechner & Zechner
   TGA und Medienplanungen:
   E+P-ZFG / GAWAPLAN

Masterplan Hauptbahnhof Wien, Version 2014
Planverfasser: Hotz/Hoffmann · Wimmer
Der Plan enthält Elemente der Mehrzweckkarte,
Stadt Wien, MA 41 Stadtvermessung und wie oben
Elemente der Gesamtplanung Hauptbahnhof Wien,
Wiener Team.

Vermessung Südbahn und Ostbahn im Bereich des
Südbahnhofes und Matzleinsdorf 2007
Vermessung Korschinek & Partner, Wien
Vermessungsbüro Schmid, Klosterneuburg

Plangrafiken Roman Bönsch
mit Grundlagenverfassern:
Seite 81: BahnhofCity Orientierungsplan:
Architekt Alfred Ritter, Wien
Seiten 140-141: Rautendach: Unger Steel Group,
Wiener Team, Visualisierung: Roman Bönsch
Seite 223: Lageplan Baustellen der MA 28:
Stadt Wien und Gesamtlageplan Hauptbahnhof Wien
siehe oben
Seite 237: Grundriss Erste Campus:
Henke Schreieck Architekten, Wien
Seite 267: Grundriss Bildungscampus:
PPAG Architekten, Wien
Seiten 276-277: Ansicht Südbahnhofbrücke:
Albert Wimmer ZT GmbH, Wien

Wohnbau | Residential buildings
Seiten 253, 255: Österreichisches Siedlungswerk
Seiten 256, 258, 259: win4wien Bauträger GmbH

Seite 257 o.: BWS-Gruppe
Seiten 257 u., 263: VOLKSBAU
Seiten 260, 261: Gemeinnützige Siedlungs- u BauAG
Seiten 265 u.: SOZIALBAU AG

Cover
07.09.2014
Hauptfassade des Wiener Hauptbahnhofes.
Main façade of Vienna Main Station.

Buchdeckel innen vorne | Inside front cover
27.03.2012
Weichenherz einer Kreuzungsweiche.
Crossing frog of a double slip switch.

Einleitungsseite | Introduction page
03.10.2013
Windschutzverglasung eines Wartebereiches.
Wind protection glazing of a waiting area.

Doppelseite Titel | Title page spread
25.07.2012
Die Verkehrsstation von Süd Westen.
The railway station from the southwest.

Doppelseite Impressum | Imprint
03.12.2012
Die Verkehrsstation von Süd Osten.
The railway station from the southeast.

Doppelseite Inhalt | Table of contents spread
07.09.2014
Der Hauptbahnhof Wien.
Vienna Main Station.

Buchdeckel innen hinten | Inside back cover
07.09.2014
Abendstimmung gespiegelt im Hauptportal.
Sunset reflection in the main entrance portal.

12.11.2010
Rechts: Verschubbetrieb auf dem letzten Gleis des
Frachtenbahnhofs Wien Süd und die Südbahnhofbrücke.
Right: Shunting operations on the last track of
Vienna South Freight Station and the South Station
Bridge.

Weitere Informationen | More information:
www.hauptbahnhof-wien.at
www.romanboensch.at

Arbeitsgemeinschaft Hauptbahnhof Wien Baulos 01
Vienna Main Station Building Plot 01 Working Group

Arbeitsgemeinschaft Örtliche Bauaufsicht Hauptbahnhof Wien
Vienna Main Station On-Site Construction Supervision Working Group

developed by **BAI**

HABAU

ÖSTU STETTIN

Partner in der HÖSBA für die Errichtung der ÖBB-Konzernzentrale
Partner in HÖSBA for building the ÖBB corporate headquarters

Dank an die Sponsoren des Buchprojektes:
Special thanks to the sponsors of this book project:

ÖBB-Infrastruktur Aktiengesellschaft
Praterstern 3, 1020 Wien, www.oebb.at
Die ÖBB-Infrastruktur schafft Voraussetzungen für kundenorientierte Mobilität und trägt die Verantwortung für ein modernes Schienennetz in Österreich. Der Hauptbahnhof ist ein wichtiger Beitrag dazu.
ÖBB-Infrastruktur creates the prerequisites for customer-oriented mobility and is responsible for a modern railway network in Austria. Vienna Main Station represents a milestone in this endeavour.

ÖBB-Immobilienmanagement GmbH
Nordbahnstraße 50, A-1020 Wien, www.immo.oebb.at
Die ÖBB-Immobilienmanagement ist für die Freimachung, Umwidmung und den Verkauf der nicht mehr betriebsnotwendigen Bahnflächen verantwortlich. Außerdem sorgt sie für den Branchenmix im Bahnhofsgebäude.
ÖBB-Immobilienmanagement is responsible for the clearance, rezoning, and sale of decommissioned railway properties. It also ensures the desired retail mix in the station building.

ARGE Hauptbahnhof Wien-Baulos 01
Strabag – Porr – Pittel+Brausewetter
Sonnwendgasse 21, A-1100 Wien
Die ARGE wickelte die Baumeisterarbeiten der Verkehrsstation und der Anlage Ost sowie den Innenausbau der Verkehrsstation als Generalunternehmer ab.

As general contractor the working group executed the construction work of the railway station and the eastern railyards as well as the interior finishings of the station.

ARGE ÖBA Hauptbahnhof Wien
Metz & Partner Baumanagement ZT GmbH
FCP Fritsch Chiari und Partner ZT GmbH
Tecton Consult Baumanagement ZT GmbH
Die ARGE ÖBA Hauptbahnhof Wien überwachte die Einhaltung der Vertragsvorgaben von 165 Bauaufträgen.

The Vienna Main Station ÖBA working group supervised compliance with stipulations in 165 construction contracts.

BAI Bauträger Austria Immobilien GmbH
Leopold-Moses-Gasse 4, A-1020 Wien, www.bai.at
Die BAI hat zusammen mit der HABAU Hoch- und Tiefbaugesellschaft m.b.H. und der ÖSTU-STETTIN Hoch- und Tiefbau GmbH die ÖBB Konzernzentrale errichtet und an die ÖBB vermietet.

Together with HABAU Hoch- und Tiefbaugesellschaft m.b.H. and ÖSTU-STETTIN Hoch- und Tiefbau GmbH, BAI built the ÖBB corporate headquarters and lets it to ÖBB.

BCT Bahn Consult TEN Bewertungsges.m.b.H
Diesterweggasse 2, A-1140 Wien, www.bcten.com
BCT erstellte Gutachten für die Baugenehmigung und die Prüfbescheinigung der Betriebsbewilligung sowie die Interoperabilitätsprüfung für den Hauptbahnhof Wien.

BCT prepared expert opinion reports to obtain building permission, inspection reports for the operational permit, and performed interoperability checks for Vienna Main Station.

ECE Projektmanagement Austria GmbH
Europaplatz 3/Stiege 4/7. OG, A-1150 Wien, www.ece.com
Die ECE wurde als Kompetenzpartner mit der Planungsoptimierung, Vermietung und dem langfristigen Management der Einzelhandelsflächen „BahnhofCity" beauftragt.

ECE was commissioned as a competence partner with the optimisation of planning, letting, and the long-term management of the BahnhofCity retail spaces.

Plasser & Theurer
Export von Bahnbaumaschinen Gesellschaft m.b.H.
Johannesgasse 3, A-1010 Wien, www.plassertheurer.com
Plasser & Theurer entwickelt und produziert am Standort Linz Maschinen und Systeme für Bau und Instandhaltung von Gleisen und vertreibt diese weltweit.

At the Linz factory, Plasser & Theurer develops and manufactures machines and systems for the construction and maintenance of tracks that are sold worldwide.

SPL POWERLINES AUSTRIA GMBH & CO KG
Johann-Galler-Straße 39, A-2120 Wolkersdorf im Weinviertel
www.powerlines-group.com
SPL errichtete die Oberleitungen in den Abschnitten: Schnellbahn-Stammstrecke, Anlage Süd/Ost und Verkehrsstation.
SPL installed overhead conductor lines in these sections: main route of the rapid transit railway, the southern and eastern railyards, and the railway station.

Semmelrock
stein+design®

steel structures. façades. more.

STAHLBAU
PICHLER

SWIETELSKY

Semmelrock Stein + Design GmbH & CoKG
Stadlweg 30, A-9020 Klagenfurt am Wörthersee
www.semmelrock.com
Die Firma Semmelrock lieferte mehr als 30.000 Quadratmeter
Betonsteinpflaster für die Vorplätze und Bahnsteige.

The company Semmelrock supplied more than 30,000 sqm of
concrete stone for the squares and the platforms.

Stahlbau Pichler GmbH
Edison Straße 15, I-39100 Bozen
www.stahlbaupichler.com
Stahlbau Pichler zeichnete für die Planung, Produktion und Montage der 24 Gleisträger über der Verteilerhalle 1 verantwortlich.

Stahlbau Pichler was responsible for designing, manufacturing, and
mounting the 24 composite girders above circulation hall 1.

SWIETELSKY Bauges.m.b.H.
ZNL - Bahnbau Wien, Klein Neusiedlerstraße 27, A-2401 Fischamend
www.swietelsky.at
Swietelsky führte sämtliche Gleisbauleistungen am Hauptbahnhof
Wien durch, wie: Gleisumbau, Gleisabtrag, Gleisneubau, Kran-,
Bagger- und Stopfarbeiten, Schienenstoßschweißung u.a.

Swietelsky carried out all track construction work at Vienna Main
Station, such as: track conversion, track removal, track renewal,
crane, excavation and tamping work, rail joint welding.

www.ungersteel.com

WIENER LINIEN

RIB-ROOF
metalldachsysteme

Unger Steel Group
Steinamangererstraße 163, A-7400 Oberwart, www.ungersteel.com
Die Unger Steel Group realisierte das Rautendach und führte als
Teil-Generalunternehmer Stahlbau-, Schlosser-, Glas- und Speng-
lerarbeiten durch.

The Unger Steel Group realised the diamond-shaped roof and
carried out the steel-, metal-, tin-, and glassworks in their role as a
partial general contractor.

Wiener Linien GmbH & Co KG
Erdbergstraße 202, A-1031 Wien, www.wienerlinien.at
Die Wiener Linien transportieren jeden Tag 2,5 Millionen Passagiere rasch, sicher und bequem an ihr Ziel in Wien u.a. den Hauptbahnhof.

Some 2.5 million passengers per day use the Wiener Linien public
transport network to arrive safely and comfortably at their destina-
tions in Vienna, such as the Main Station.

Zambelli RIB-ROOF GmbH & Co. KG
Hans-Sachs-Str. 3+5, D-94569 Stephansposching,
www.zambelli.com
Das Rautendach wurde mit dem Gleit-Falzprofildach RIB-ROOF
Speed 500 des Metalldachherstellers Zambelli eingedeckt.

The diamond-shaped roof is covered with the sliding standing seam
roofing system "RIB-ROOF Speed 500", which was manufactured
by the metal roofing producer Zambelli.

WIENERteam

Gesamtplanung | Overall Planning:

werner consult

stoik®

iSP   ISP ZT GMBH

TECTON consult
Engineering ZT GmbH

INGENIEURBÜRO
PISTECKY

Architekten Verkehrsstation | Architects Railway Station:

HOTZ / HOFFMANN
• WIMMER

Hochbau Anlage Süd/Ost | Architects S/E Railyards:

Architekturbüro
Zechner & Zechner
ZT GmbH

TGA- und Mediaplanung | TGA and media planning:

E+P ZFG
EIPELDAUER ZFG-PROJEKT

GAWAPLAN
Haustechnische Anlagen Ges.m.b.H

Wiener Team
Leithastraße 10, A-1200 Wien
wienerteam@wernerconsult.at
Das Wiener Team führte die Gesamtplanung für das
Infrastrukturprojekt durch: Planung aller Eisenbahn-,
Straßen- und Hochbauten inklusive Architektur- und
Haustechnikplanung sowie Statik und Konstruktion.

The Vienna Team was responsible for the overall
planning of the infrastructure project: all railway,
street, and building construction works including
architectural design and building services as well as
structural and constructional engineering.